U0895762

虽然新型农村金融机构取得了较好的发展，但其整体规模还很小，仍然难以满足农村社会经济发展的要求，如遇到了后续资金不足等问题，因此如何促进新型农村金融机构可持续发展是一个亟待解决的问题。本书从多方面研究了新型农村金融机构发展中存在的问题、障碍，提出了具有可操作性的促进新型农村金融机构可持续发展的措施。

【经济学学术前沿书系】

新型农村金融机构可持续发展研究

杜金向◎著

经济日报出版社

前　言

20世纪末至21世纪初，农村金融机构出现了很多问题。农村信用社历史包袱沉重，不良贷款比例曾高达50%，资本净值为负。一些大的金融机构纷纷从农村地区撤出，特别是农业银行的非农化，导致大多数农村金融机构在农村的融资功能基本上丧失。2003年以来，政府部门出台了一系列优惠政策和改革措施，投入了大量资金，农村信用社、农行、农发行、邮政储蓄机构等也先后进行了改革，农村金融市场开放也迈出了重要步伐，同时，农村金融的产品和抵押方式等创新也层出不穷；农村存款和汇款等基本金融服务已基本解决。但是，农村小微企业、农户仍然觉得贷款难，农村金融体系仍存在高成本、效益低、不可持续等问题。据中国人民银行2008年中国农村金融服务报告显示：2007年末，全国县域金融机构的网点数为12.4万个，比2004年减少9811个；县域四家大型商业银行机构的网点数为2.6万个，比2004年减少6743个。2007年末，农村信用社县域网点数为5.2万个，分别比2004、2005和2006年减少9087、4351和487个。截至2007年末，全国有2868个乡镇没有任何金融机构，约占全国乡镇总数的7%。

为完善农村金融服务体系，促进农村金融竞争，满足农村金融需求，增加农村金融供给，2006年12月20日银监会发布了《中国银行业监督管理委员会关于调整放宽农村地区银行业金融机构准入政策更好支持社会主义新农村建设的若干意见》，提出要放宽农村地区的银行业金融机构准入政策，在增量改革方面成立包括村镇银行、贷款公司、农村资金互助社等新型农村金融机构，加上之前人民银行主导成立的小额贷款公司，新型农村金融机构达到了四类。2007年全国金融工作会议将加快农村金融改革，完善农村金融体系，解决好农业、农村和农民问题，作为金融工作的重点，作为党和国家全部工作的重中之重。从中可以看出，农村金融改革在建设社会主义新农村中的作用。全国金融工作会议对农村金融改革总的要求是，加快建立健全适应“三农”特点的多层次、广覆盖、可持续的农村金融体系，包括构建分工合理、投资多元、功能完善、服务高效的农村金融组织体系，较为发达的农村金融市场体系和业务品种比较丰富的农村金融产品体系，显著增强为“三农”服务的功能。党的十七届三中全会《中共中央关于推进农村改革发展若干重大问题的决定》又提出，农村金融是现代农村经济的核心。建立现代农村金融制度，创新农村金融体制，加快建立商业性金融、合作性金融、政策性金融相结合，资本充足、功能健全、服务完善、运行安全的农村金融体系，引导更多的信贷资金和社会资金投向农村。在2007年后的中央一号文件中，都对各类新型农村金融机构的发展提出了要求。

近几年，经过监管机构和各级政府的大力推动，新型农村金融机构获得了空前的发展。但是，新型农村金融机构整体上规模还是很小，仍然难以满足农村社会经济发展的要求，其发展目前还处于初级阶段；在发展的过程中遇到后续资金不足、社会认可度低等问题的困扰，面临着如何实现财务可持续发展的难题；同时部分村镇银行、小额贷款公司偏离支农方向，政策预期目标难以实现。近期，国务院鼓励支持温州地区金融改革，监管机构又建立了多个农村金融改革试验区。这些措施对加快发展新型金融组织，鼓励支持民间资本参与地方金融机构改革具有重大的推动作用，新型农村金融机构将得到进一步发展，而对其可持续发展问题的研究具有一定的现实意义。

本书结合近几年的中央一号文件和十八届三中全会的要求，对新型农村金融机构的发展历程与现状、发展的可持续性、存在的问题进行了研究，重点研究了促进新型农村金融机构可持续发展的对策问题。

本书第一章介绍了“新型农村金融机构的类型”。主要内容是国家鼓励新型农村金融机构发展的有关政策，新型农村金融机构的主要类型及特征，对其中两类发展最快的机构——村镇银行和小额贷款公司进行了比较分析。第二章“新型农村金融机构的发展历程与现状”。首先回顾了银监会关于新型农村金融机构的准入新政，介绍了村镇银行等三类机构的发展历程和现状，对小额贷款公司发展进行了介绍。第三章“新型农村金融机构可持续发展的内涵”。对新型农村金融机构可持续发展的含义，新型农村金融机构可持续发展包括的内容，以及新型农村金融机构可持续发展的基本要素进行了研究。第四章“新型农村金融机构可持续发展的现状”。通过对近几年新型农村金融机构财务指标和信贷指标的分析，得出目前新型农村金融机构整体实力不断增强，财务绩效不断改善，支农能力显著提高的发展现状。第五章“新型农村金融机构发展中存在的主要问题及其原因”。对影响新型农村金融机构可持续发展的因素进行了研究，并对制约新型农村金融机构可持续发展的深层次原因进行了分析。

第六章“促进新型农村金融机构可持续发展的对策”和第七章“推进相关配套改革，优化新型农村金融机构的经营环境”，是本书的政策建议部分。针对新型农村金融机构可持续发展中存在的问题，提出下列建议：①推动新型农村金融机构的设置。包括将民营化作为村镇银行的发展方向，将小额贷款公司设在县域，大力发展新型农民合作金融组织，注重新型农村金融机构向最基层的延伸。②开辟资金来源渠道。通过股权融资来增强资本实力，建立大中型金融机构向新型农村金融机构批发资金的长效机制，采取有力措施积极吸收存款。③加快新型农村金融机构的产品创新和服务创新。要在依法合规的前提下，支持新型农村金融机构探索创新符合农村实际的贷款品种；积极推动新型农村金融机构改善农村金融服务，提升农村金融服务水平。④创新贷款担保方式。既要创新保证方式，完善信用担保体系，也要创新抵押担保方式，丰富可抵押财产，以提高新型农村金融机构的贷款能力。⑤加强风险控制能力，促进新型农村金融机构健康发展。⑥加强对新型农村金融机构的监管。在贷款投向上监管其服务三农，同时对贷款风险进行监管。⑦加大对新型农村金融机构的政策扶持力度。通过财税政策、货币政策扶持其发展。⑧加强金融生态建设，积极推进相关配套改革。加强农村信用体系建设，改善农村金融生态环境；建立存款保险制度，提高新型农村金融机构的存款竞争力；加快发展农业保险，提高新型农村金融机构贷款的安全性；发挥地方政府在推动新型农村金融机构发展中的作用。

本书的课题创新之处主要有：

(1) 针对村镇银行的发展困境提出对策建议。村镇银行设立要求第一大股东必须是大中型银行，门槛过高，不利于民营资本大规模进入农村金融市场，也不利于加快设立村镇银行。对此，建议将民营化作为村镇银行的发展方向。设立完全由自然人股东和当地民营企业股东投资入股的村镇银行。通过民营村镇银行的设立，突破我国银行业只向外资开放，不向民间资本开放的怪现象，加快农村银行业金融机构的准入，为银行业向民间资本开放试水。

(2) 提出小额贷款公司支农的政策建议。小额贷款公司的金融机构身份尚未完全确立，同时，在机构设立上脱离农村，在业务上还存在非农化和高利贷的倾向。对此，提出为发挥小额贷款公司的支农作用，在设立时应鼓励其设在县域，特别是乡镇，对设立到县城或乡镇的，应当优先予以审批；对设在乡镇的小额贷款公司，在注册资本上可以适当放松。同时通过政策引导，支持小额贷款公司对农户、农民专业合作社和农村小微企业发放贷款，对其三农贷款要给予税收上的优惠，一些扶贫性质的贷款要给予补贴。此外，还应坚决打击高利贷，监管机构对高利贷必须严加管理。

(3) 发展新型农民合作金融组织。针对农村资金互助社发展缓慢的现状，提出应该提高对农村资金互助社作用的认识，在地方政府和监管机构提高认识的基础上，提高农民群众的认识，引导农民、农民专业合作社和农村中小微企业投资设立农村资金互助社。同时，提出了在农民专业合作社基础上发展资金互助组织的建议。

本书是在作者主持完成的同名天津市哲学社会科学研究规划资助项目的基础上完成的，项目编号：TJYY11－1－019，立项时间为2011年10月，2013年10月结项。项目同时得到了天津财经大学的奖励和天津财经大学经济学院金融系的配套资金。在此，向天津市哲学社会科学规划领导小组办公室、天津财经大学科研处、天津财经大学经济学院金融系表示衷心感谢！在项目的调研和资料收集过程中，得到了天津市金融办、人民银行天津分行、天津银监局、天津市农委和天津市有关金融机构的大力支持和热情帮助，在此一并表示感谢！在项目的研究报告中，天津电子信息职业技术学院董乃全教授和天津财经大学研究生院郭昱助理研究员各自承担了一章内容，本书参考了其中一些内容，在此向两位老师表示感谢！在本书的完成过程中，我的同事姜雪冰老师，我的学生柴津、宋夏薇、杜心宇，帮助完成了部分图表，参与了文字校对，对他们的辛勤工作表示感谢！

限于理论水平、资料来源和时间等因素，本书还有许多问题需要进一步探讨。近期中央政府对民间资本放开的政策力度不断增强，农村金融环境进一步改善，农村银行业金融机构的竞争也将加剧，民间资本进一步进入对新型农村金融机构的影响还有待进一步的研究。本书的调研工作显得较少，虽然对天津市的一些村镇银行和小额贷款公司进行了调研，但从全国的角度看代表性相对较差。而且，没有去农村资金互助社和农民专业合作社中的资金互助组织调研，对问题的研究深度有不利的影响。对于不足之处，作者希望在以后的继续研究中能够改进，也敬请各位同仁提出宝贵意见并给予指导。

杜金向

2014年4月

目录

第一章　新型农村金融机构的类型

新型农村金融机构是相对于传统农村金融机构而言的，包括银监会2006年后批准试点成立的村镇银行、贷款公司、农村资金互助社等三类机构，以及在人民银行的主导下试点后由银监会认可的小额贷款公司。

新型农村金融机构是相对于传统农村金融机构来说的，2006 年，为解决农村地区银行业金融机构网点覆盖率低、金融供给不足、竞争不充分等问题，中国银行业监督管理委员会按照商业上可持续的原则，适度调整和放宽了农村地区银行业金融机构准入政策，降低了准入门槛，同时强化监管约束，加大政策支持，以促进农村地区形成投资多元、种类多样、覆盖全面、治理灵活、服务高效的银行业金融服务体系，以便更好地改进和加强农村金融服务，支持社会主义新农村建设，批准试点成立了三类新型农村金融机构。在此之前，在中国人民银行的主导下，一些地区开展了小额贷款公司的试点工作。新型农村金融机构的试点和推广，有利于解决农村金融服务不足的问题，满足最基层农户和小微企业的金融需求。

第一节　鼓励新型农村金融机构发展的有关政策

一、中央鼓励在农村成立新型农村金融机构的有关文件

近年来的中央一号文件和其他有关文件中，多次强调允许农村地区设立农村金融机构，并逐渐引入了新型农村金融机构的概念。

（一）中央一号文件的相关规定

2004 年中央一号文件提出：“鼓励有条件的地方，在严格监管、有效防范金融风险的前提下，通过吸引社会资本和外资，积极兴办直接为‘三农’服务的多种所有制的金融组织。”这是中央一号文件首次明确社会资本和外资可以兴办农村金融组织。

2005 年中央一号文件指出：“培育竞争性的农村金融市场，有关部门要抓紧制定农村新办多种所有制金融机构的准入条件和监管办法，在有效防范金融风险的前提下，尽快启动试点工作。有条件的地方，可以探索建立更加贴近农民和农

村需要、由自然人或企业发起的小额信贷组织。”文件强调了要抓紧制定新型金融机构的准入条件和监管办法，尽快启动试点工作。允许由自然人或企业发起设立小额信贷组织。

2006 年中央一号文件进一步指出：“在保证资本金充足、严格金融监管和建立合理有效的退出机制的前提下，鼓励在县域内设立多种所有制的社区金融机构，允许私有资本、外资等参股。大力培育由自然人、企业法人或社团法人发起的小额贷款组织，有关部门要抓紧制定管理办法，引导农户发展资金互助组织。”文件提出了社区金融机构、资金互助组织等新的概念。

2007 年中央一号文件进一步强调要“大力发展农村小额贷款，在贫困地区先行开展培育农村多种所有制金融组织的试点”。

2008 年中央一号文件在新型农村金融机构试点开展一段时间后，强调要“加快推进调整放宽农村地区银行业金融机构准入政策试点工作。通过批发或转贷等方式，解决部分农村信用社及新型农村金融机构资金来源不足的问题”。

2009 年中央一号文件进一步对发展新型农村金融机构和小额信贷等问题进行了规定，指出：“在加强监管、防范风险的前提下，加快发展多种形式新型农村金融组织和以服务农村为主的地区性中小银行。鼓励和支持金融机构创新农村金融产品和金融服务，大力发展小额信贷和微型金融服务，农村微小型金融组织可通过多种方式从金融机构融入资金。”

2010 年中央一号文件强调提高农村金融服务质量和水平，提出：“加快培育村镇银行、贷款公司、农村资金互助社，有序发展小额贷款组织，引导社会资金投资设立适应“三农”需要的各类新型金融组织。”文件明确了四类新型农村金融机构。

2012 年中央一号文件提出：“发展多元化农村金融机构，鼓励民间资本进入农村金融服务领域，支持商业银行到中西部地区县域设立村镇银行。有序发展农村资金互助组织，引导农民专业合作社规范开展信用合作。”文件对农民专业合作社内开展资金互助予以肯定。

2013 年中央一号文件提出：“支持社会资本参与设立新型农村金融机构。”

2014 年中央一号文件又强调：“积极发展村镇银行，逐步实现县市全覆盖，符合条件的适当调整主发起行与其他股东的持股比例。支持由社会资本发起设立服务“三农”的县域中小型银行和金融租赁公司。对小额贷款公司，要拓宽融资渠道，完善管理政策，加快接入征信系统，发挥支农支小作用。”文件对大力发展村镇银行作出部署，提出支持由社会资本发起设立服务“三农”的县域中小型银行，也就是真正放开了民营银行的设立，在农村地区，允许设立完全民营的村镇银行。同时，对发展新型农村合作金融组织，专门用一条进行了阐述。提出："在管理民主、运行规范、带动力强的农民合作社和供销合作社基础上，培育发展农村合作金融，不断丰富农村地区金融机构类型。坚持社员制、封闭性原则，在不对外吸储放贷、不支付固定回报的前提下，推动社区性农村资金互助组织发展。完善地方农村金融管理体制，明确地方政府对新型农村合作金融监管职责，鼓励地方建立风险补偿基金，有效防范金融风险。适时制定农村合作金融发展管理办法。"在总共33条的中央一号文件中，专门用一条阐述发展新型农村合作金融组织，说明中央对这一问题的重视，不仅对新型农村合作金融作出了肯定，而且提出了农村地区合作金融类型可以不断丰富。

在十年的中央一号文件中都强调农村金融体系的创新，新型农村金融机构是农村金融创新的主要表现。文件的出台为新型农村金融机构以合法身份参与农村金融市场竞争，为新农村建设服务打下了坚实的基础。

（二）其他文件中的规定

2008年10月12日中国共产党第十七届中央委员会第三次全体会议通过的《中共中央关于推进农村改革发展若干重大问题的决定》中，用较大篇幅论及了新型农村金融机构问题，指出："规范发展多种形式的新型农村金融机构和以服务农村为主的地区性中小银行。加强监管，大力发展小额信贷，鼓励发展适合农村特点和需要的各种微型金融服务。允许农村小型金融组织从金融机构融入资金。允许有条件的农民专业合作社开展信用合作。"除了对新型农村金融机构和小额信贷等问题进行阐述外，文件还提出允许有条件的农民专业合作社开展信用合作，从而弥补了2006年10月31日第十届全国人民代表大会常务委员会第二十四次会议通过的《中华人民共和国农民专业合作社法》中没有农民信用合作相关规定的缺憾。

2013年7月，国务院办公厅发布了《关于金融支持经济结构调整和转型升级的指导意见》，被称为金融"国十条"，其中，首次明确提出"尝试由民间资本发起设立自担风险的民营银行"。十八届三中全会进一步提出"在加强监管前提下，允许具备条件的民间资本依法发起设立中小型银行等金融机构"。十多年悬而未决的民营银行问题，终于得以确认，这次民营银行的放开对我国金融体制改革具有里程碑意义，而设立完全民营资本的村镇银行也成为可能。

二、有关部门支持新型农村金融机构发展的政策

为支持新型农村金融机构规范、健康、可持续发展，更好地支持社会主义新农村建设，银监会、财政部、人民银行出台了多项政策。一是开展包括村镇银行

在内的县域金融机构涉农贷款增量奖励试点工作，对涉农贷款余额增长满足要求的县域金融机构，给予一定比例的奖励，通过以奖代补，增强机构抗风险能力。二是财政部出台了新型农村金融机构定向费用补贴政策，对符合条件的新型农村金融机构，按贷款余额给予补贴，增强其抗风险和持续发展能力。三是人民银行和银监会联合印发了《中国人民银行、中国银行业监督管理委员会关于村镇银行、贷款公司、农村资金互助社、小额贷款公司有关政策的通知》(银发［2008］137号)，充分肯定了新型农村金融服务机构对改善农村金融服务的重要性，并对存款准备金、存贷款利率、支付清算、会计、金融统计和监管报表等八个方面进行了规范和明确，积极鼓励、引导和督促四类机构以面向农村、服务“三农”为目的，扎扎实实依法开展业务经营，在不断完善内控机制和风险控制水平的基础上，立足地方实际，坚持商业可持续发展，努力为“三农”经济提供低成本、便捷、实惠的金融服务。其中，村镇银行的存款准备金率比照当地农村信用社执行。当时人民银行对农村信用社、农村合作银行执行11%的存款准备金率，比大型商业银行存款准备金率低4.5个百分点；而对资产规模较小、支农贷款比例较高的1379个县（市）农村信用社、农村合作银行执行10%的存款准备金率。2010年，人民银行多次上调法定存款准备金率，共上调6次，其中对农村信用社等中小法人金融机构，仅上调3次。目前，农村信用社执行比大型商业银行低6个百分点的优惠存款准备金率，其中，涉农贷款比例较高、资产规模较小的农村信用社执行的存款准备金率比大型商业银行低7个百分点。由于村镇银行的法定存款准备金率比照当地农村信用社执行，使村镇银行因优惠存款准备金率而多留存了大量的资金。同时规定，现阶段，农村资金互助社暂不向中国人民银行交存存款准备金。四是人民银行印发了《中国人民银行关于完善支农再贷款管理、支持春耕备耕、扩大“三农”信贷投放的通知》(银发［2009］38号)，决定将支农再贷款对象由农村信用社扩大到农村合作银行、农村商业银行以及村镇银行等县域内存款类金融机构法人。至此，村镇银行被纳入支农再贷款支持范围。在2009年春耕旺季，对西部地区和粮食主产区安排增加支农再贷款额度100亿元，以有效发挥支农再贷款政策的引导作用，支持春耕备耕，加大“三农”信贷投入，促进改善县域内农村金融服务。2010年春耕旺季，对西部地区和粮食主产区调增支农再贷款额度100亿元。调增后，以上地区支农再贷款额度所占全国的比例达到93%。支农再贷款对引导扩大涉农信贷投放发挥了积极作用。

此外，在金融监管方面，目前，免征农村资金互助社的监管费，对其他新型农村金融机构则减半征收监管费。

第二节　新型农村金融机构的主要类型

中国银监会2006年年底发布《关于调整放宽农村地区银行业金融机构准入政策更好支持社会主义新农村建设的若干意见》，允许产业资本和民间资本到农村地区新设银行，并准备在农村增设村镇银行、贷款公司、社区性信用合作组织等三类银行业金融机构。2007年1月30日，中国银监会出台了《村镇银行管理暂行规定》《贷款公司管理暂行规定》《农村资金互助社管理暂行规定》《村镇银行组建审批工作指引》《贷款公司组建审批工作指引》《农村资金互助社组建审批工作指引》《农村资金互助社示范章程》等7份文件，“破题”农村金融改革，以前很少听说的村镇银行概念首次“浮出水面”。同时还放宽了农村地区现有银行业金融机构的兼并重组政策，并鼓励商业银行在农村地区开设分支机构。

早在2005年，在中国人民银行的主导下，一些地区开展了小额贷款公司的试点工作，但一直没有得到银监会的认可。2008年5月，中国银监会、中国人民银行联合发布《关于小额贷款公司试点的指导意见》（银监发〔2008〕23号），小额贷款公司得到了银监会的承认，虽然没有金融牌照，但也被认为是新型农村金融机构的一种类型。现在，小额贷款公司由地方政府金融办负责监管。

一、村镇银行

（一）村镇银行的概念

根据银监会2007年1月22日发布的《村镇银行管理暂行规定》，村镇银行是指经银监会依据有关法律、法规批准，由境内外金融机构、境内非金融机构企业法人、境内自然人出资，在农村地区设立的主要为当地农民、农业和农村经济发展提供金融服务的银行业金融机构。

（二）村镇银行的性质

1. 村镇银行是独立的企业法人

村镇银行享有由股东投资形成的全部法人财产权，依法享有民事权利，并以全部法人财产独立承担民事责任。

村镇银行股东依法享有资产收益、参与重大决策和选择管理者等权利，并以其出资额或认购股份为限对村镇银行的债务承担责任。

2. 村镇银行具有商业银行的性质

村镇银行同商业银行一样，以安全性、流动性、效益性为经营原则，自主经营，自担风险，自负盈亏，自我约束。

村镇银行依法开展业务，不受任何单位和个人的干涉。

3. 村镇银行属于小型金融机构

村镇银行在设立上只能设在县域，最初一般为单一机构，不能发展成为中型的银行。村镇银行在业务上也有地域限制，不得发放异地贷款。

4. 村镇银行是经营综合性业务的新型农村金融机构

与其他新型农村金融机构相比，村镇银行业务种类比较丰富。贷款公司、小额贷款公司只能发放贷款，不能吸收存款，资金来源渠道单一。农村资金互助社虽然可以吸收存款，但其主要以社员为业务对象。村镇银行不同于其他三类机构，可以说是小型商业银行，可经营吸收公众存款，发放短期、中期和长期贷款，办理国内结算与票据承兑与贴现等业务。

（三）村镇银行的设立

1. 村镇银行的名称

村镇银行的名称由行政区划、字号、行业、组织形式依次组成，其中行政区划指县级行政区划的名称或地名。比如在天津市内区县设立的蓟县村镇银行、北辰村镇银行、华明村镇银行、津南村镇银行、西青国开村镇银行和静海新华村镇银行等。

2. 设立村镇银行应当具备的条件

（1）有符合规定的章程；

（2）发起人或出资人应符合规定的条件，且发起人或出资人中应至少有1家银行业金融机构；

（3）在县（市、区）设立的村镇银行，其注册资本不得低于300万元人民币；在乡（镇）设立的村镇银行，其注册资本不得低于100万元人民币；

（4）注册资本为实收货币资本，且由发起人或出资人一次性缴足；

（5）有符合任职资格条件的董事和高级管理人员；

（6）有具备相应专业知识和从业经验的工作人员；

（7）有必需的组织机构和管理制度；

（8）有符合要求的营业场所、安全防范措施和与业务有关的其他设施；

（9）中国银行业监督管理委员会规定的其他审慎性条件。

3. 设立村镇银行的步骤

村镇银行应依照《中华人民共和国公司法》自主选择组织形式。也就是可以是有限责任公司，也可以是股份有限公司。设立村镇银行应当经过筹建和开业两个阶段。

（1）筹建阶段。筹建村镇银行，申请人应提交下列文件、材料：①筹建申请书；②可行性研究报告；③筹建工作方案；④筹建人员名单及简历；⑤发起人或出资人基本情况及除自然人以外的其他发起人或出资人最近2年经审计的会计报告；⑥发起人或出资人为境内外金融机构的，应提交其注册地监管机构出具的书面意见；⑦中国银行业监督管理委员会规定的其他材料。

村镇银行的筹建由银监分局或所在城市银监局受理，银监局审查并决定。银监局自收到完整申请材料或自受理之日起4个月内作出批准或不批准的书面决定。

（2）开业阶段。村镇银行的筹建期最长为自批准之日起6个月。筹建期内达到开业条件的，申请人可提交开业申请。

村镇银行申请开业，申请人应提交以下文件和材料：①开业申请书；②筹建工作报告；③章程草案；④拟任职董事、高级管理人员的任职资格申请书；⑤法定验资机构出具的验资证明；⑥营业场所所有权或使用权的证明材料；⑦公安、消防部门对营业场所出具的安全、消防设施合格证明；⑧中国银行业监督管理委员会规定的其他材料。

村镇银行达到开业条件的，其开业申请由银监分局或所在城市银监局受理、审查并决定。银监分局或所在城市银监局自受理之日起两个月内作出核准或不予核准的决定。经核准开业的村镇银行，由决定机关颁发金融许可证，并凭金融许可证向工商行政管理部门办理登记，领取营业执照。

4. 村镇银行分支机构的设立

村镇银行可根据农村金融服务和业务发展需要，在县域范围内设立分支机构。设立分支机构不受拨付营运资金额度及比例的限制。

村镇银行设立分支机构需经过筹建和开业两个阶段。

村镇银行分支机构的筹建方案，应事前报监管办事处备案。未设监管办事处的，向银监分局或所在城市银监局备案。村镇银行在分支机构筹建方案备案后即可开展筹建工作。

村镇银行分支机构开业申请，由银监分局或所在城市银监局受理、审查并决定，银监分局或所在城市银监局自受理之日起两个月内作出核准或不予核准的决定。经核准开业的分支机构，由决定机关颁发金融许可证，并凭金融许可证向工商行政管理部门办理登记，领取营业执照。

（四）村镇银行的股权设置

村镇银行的股权设置按照《中华人民共和国公司法》有关规定执行。股东可以是境内金融机构、境外金融机构、境内非金融机构企业法人和境内自然人。

在股权设置上，除按公司法的规定外，还应符合下列基本要求：

1. 村镇银行的主发起人必须是银行业金融机构

村镇银行最大股东或唯一股东必须是银行业金融机构。最大银行业金融机构股东持股比例不得低于村镇银行股本总额的20%，后来调整为15%。

2. 其他股东持股比例的规定

单个自然人股东及关联方持股比例不得超过村镇银行股本总额的10%，单一非银行金融机构或单一非金融机构企业法人及其关联方持股比例不得超过村镇银行股本总额的10%。

任何单位或个人持有村镇银行股本总额5%以上的，应当事前报经银监分局或所在城市银监局审批。

3. 村镇银行股份转让的规定

村镇银行不得接受本行股份作为质押权标的。村镇银行的股份可依法转让、继承和赠与，但发起人或出资人持有的股份自村镇银行成立之日起3年内不得转让或质押。村镇银行董事、行长和副行长持有的股份，在任职期间内不得转让或质押。

（五）村镇银行的业务经营

1. 业务范围

经银监分局或所在城市银监局批准，村镇银行可经营下列业务：

（1）吸收公众存款；

（2）发放短期、中期和长期贷款；

（3）办理国内结算；

（4）办理票据承兑与贴现；

（5）从事同业拆借；

（6）从事银行卡业务；

（7）代理发行、代理兑付、承销政府债券；

（8）代理收付款项及代理保险业务；

（9）经银行业监督管理机构批准的其他业务。

村镇银行按照国家有关规定，可代理政策性银行、商业银行和保险公司、证券公司等金融机构的业务。有条件的村镇银行要在农村地区设置ATM机，并根据农户、农村经济组织的信用状况向其发行银行卡。对部分地域面积大、居住人口少的村、镇，村镇银行可通过采取流动服务等形式提供服务。

2. 资金运用原则

村镇银行在缴足存款准备金后，其可用资金应全部用于当地农村经济建设。

村镇银行发放贷款应首先充分满足县域内农户、农业和农村经济发展的需要。确已满足当地农村资金需求的，其富余资金可投放当地其他产业、购买涉农债券或向其他金融机构融资。

3. 贷款管理

村镇银行应建立适合自身业务发展的授信工作机制，合理确定不同借款人的授信额度。在授信额度以内，村镇银行可以采取一次授信、分次使用、循环放贷的方式发放贷款。

村镇银行发放贷款应坚持小额、分散的原则，提高贷款覆盖面，防止贷款过度集中。村镇银行对同一借款人的贷款余额不得超过资本净额的5%；对单一集团企业客户的授信余额不得超过资本净额的10%。

村镇银行应建立审慎、规范的资产分类制度和资本补充、约束机制，准确划分资产质量，充分计提呆账准备，及时冲销坏账，真实反映经营成果，确保资本充足率在任何时点不低于8%，资产损失准备充足率不低于100%。

4. 内控和审计机制

村镇银行应建立健全内部控制制度和内部审计机制，提高风险识别和防范能力，对内部控制执行情况进行检查、评价，并对内部控制的薄弱环节进行纠正和完善，确保依法合规经营。村镇银行执行国家统一的金融企业财务会计制度以及银行业监督管理机构的有关规定，建立健全财务、会计制度。村镇银行应真实记录并全面反映其业务活动和财务状况，编制财务会计报告，并提交其权力机构审议。有条件的村镇银行，可引入外部审计制度。

二、贷款公司

（一）贷款公司的概念

为缓解农民贷款难问题，银监会还鼓励境内主要商业银行和农村合作银行设立专营贷款的全资子公司。根据银监会2007年1月22日发布的《贷款公司管理暂行规定》，贷款公司是指经中国银行业监督管理委员会依据有关法律、法规批准，由境内商业银行或农村合作银行在农村地区设立的专门为县域农民、农业和农村经济发展提供贷款服务的非银行业金融机构。

（二）贷款公司的性质

1. 贷款公司属于一人公司

贷款公司是由境内商业银行或农村合作银行全额出资的有限责任公司。

2. 贷款公司是独立的企业法人

贷款公司享有由投资形成的全部法人财产权，依法享有民事权利，并以全部法人财产独立承担民事责任。

贷款公司的投资人依法享有资产收益、重大决策和选择管理者等权利。

3. 贷款公司也要遵守商业银行法规定的经营原则和经营方针

贷款公司以安全性、流动性、效益性为经营原则，自主经营，自担风险，自负盈亏，自我约束。

贷款公司依法开展业务，不受任何单位和个人的干涉。

（三）贷款公司的设立

1. 贷款公司的名称

贷款公司的名称由行政区划、字号、行业、组织形式依次组成，其中行政区划指县级行政区划的名称或地名。比如在天津市内区县设立的静海县兴农贷款公司、蓟县兴农贷款公司、宁河县兴农贷款公司、宝坻区兴农贷款公司、武清区兴农贷款公司等。

2. 设立贷款公司应当具备的条件

（1）有符合规定的章程；

（2）注册资本不低于50万元人民币，为实收货币资本，由投资人一次足额缴纳；

（3）有具备任职专业知识和业务工作经验的高级管理人员；

（4）有具备相应专业知识和从业经验的工作人员；

（5）有必需的组织机构和管理制度；

（6）有符合要求的营业场所、安全防范措施和与业务有关的其他设施；

（7）中国银行业监督管理委员会规定的其他条件。

3. 设立贷款公司的步骤

贷款公司是由境内商业银行或农村合作银行全额出资的有限责任公司，是全资子公司，属于一人公司。设立贷款公司应当经筹建和开业两个阶段。

（1）筹建阶段。筹建贷款公司，申请人应提交下列文件、材料：①筹建申请书；②可行性研究报告；③筹建方案；④筹建人员名单及简历；⑤非贷款公司设立地的投资人应提供最近两年资产负债表和损益表以及该投资人注册地银行业监督管理机构的书面意见；⑥中国银行业监督管理委员会规定的其他材料。

贷款公司的筹建申请，由银监分局或所在城市银监局受理，银监局审查并决定。银监局自收到完整申请材料或自受理之日起4个月内作出批准或不予批准的书面决定。

（2）开业阶段。贷款公司的筹建期最长为自批准决定之日起6个月。筹建期内达到开业条件的，申请人可提交开业申请。

贷款公司申请开业，申请人应当提交下列文件、材料：①开业申请书；②筹建工作报告；③章程草案；④法定验资机构出具的验资报告；⑤拟任高级管理人员的备案材料；⑥营业场所所有权或使用权的证明材料；⑦公安、消防部门对营业场所出具的安全、消防设施合格证明；⑧中国银行业监督管理委员会规定的其他材料。

贷款公司的开业申请，由银监分局或所在城市银监局受理、审查并决定。银监分局或所在城市银监局自受理之日起两个月内作出核准或不予核准的决定。经核准开业的贷款公司，由决定机关颁发金融许可证，并凭金融许可证向工商行政管理部门办理登记，领取营业执照。

4. 贷款公司分支机构的设立

贷款公司可根据业务发展需要，在县域内设立分公司。分公司的设立需经筹建和开业两个阶段。

贷款公司分公司的筹建方案，应事先报监管办事处备案。未设监管办事处的，向银监分局或所在城市银监局备案。贷款公司在分公司筹建方案备案后即可开展筹建工作。分公司的开业申请，由银监分局或所在城市银监局受理、审查并决定，银监分局或所在城市银监局自受理之日起两个月内作出核准或不予核准的决定。经核准开业的贷款公司分公司，由决定机关颁发金融许可证，并凭金融许可证向工商行政管理部门办理登记，领取营业执照。

（四）贷款公司的业务经营

1. 业务范围

经银监分局或所在城市银监局批准，贷款公司可经营下列业务：

（1）办理各项贷款；

（2）办理票据贴现；

（3）办理资产转让；

（4）办理贷款项下的结算；

（5）经中国银行业监督管理委员会批准的其他资产业务。

贷款公司不得吸收公众存款。贷款公司的营运资金为实收资本和向投资人的借款。

2. 资金运用原则

贷款公司开展业务，必须坚持为农民、农业和农村经济发展服务的经营宗旨，贷款的投向主要用于支持农民、农业和农村经济发展。

贷款公司发放贷款应当坚持小额、分散的原则，提高贷款覆盖面，防止贷款过度集中。贷款公司对同一借款人的贷款余额不得超过资本净额的10%；对单一集团企业客户的授信余额不得超过资本净额的15%。

三、农村资金互助社

（一）农村资金互助社的概念

农村资金互助社是由农村地区的农民和农村小企业发起设立的为入股社员服务、实行社员民主管理的社区性信用合作组织。根据银监会2007年1月22日发布的《农村资金互助社管理暂行规定》，农村资金互助社是指经银行业监督管理机构批准，由乡镇、行政村农民和农村小企业自愿入股组成，为社员提供存款、贷款、结算等业务的社区互助性银行业金融机构。

（二）农村资金互助社的性质

1. 农村资金互助社是新型合作金融组织

农村资金互助社具有合作金融组织的性质，是社区互助性银行业金融机构，实行社员民主管理，以服务社员为宗旨，谋求社员共同利益。

2. 农村资金互助社是承担有限责任的独立企业法人

农村资金互助社对由社员股金、积累及合法取得的其他资产所形成的法人财产，享有占有、使用、收益和处分的权利，并以上述财产对债务承担责任。农村资金互助社社员以其社员股金和在本社的社员积累为限对该社承担责任。可见，农村资金互助社虽然在名称上像社团，但它具有有限责任制企业的性质，是企业；企业承担有限责任与社员承担有限责任是对应的。

3. 农村资金互助社在经营上具有自主性

农村资金互助社的合法权益和依法开展经营活动受法律保护，任何单位和个人不得侵犯。

（三）农村资金互助社的设立

1. 农村资金互助社的名称

农村资金互助社应在农村地区的乡镇或行政村以发起方式设立。其名称由所在地行政区划、字号、行业和组织形式依次组成。如吉林省梨树县闫家村百信农村资金互助社。

2. 设立农村资金互助社应当具备的条件

（1）有符合本规定要求的章程；

（2）有10名以上符合本规定社员条件要求的发起人；

（3）有符合本规定要求的注册资本。在乡镇设立的，注册资本不低于30万元人民币，在行政村设立的，注册资本不低于10万元人民币，注册资本应为实缴资本；

（4）有符合任职资格的理事、经理和具备从业条件的工作人员；

（5）有符合要求的营业场所，安全防范设施和与业务有关的其他设施；

（6）有符合规定的组织机构和管理制度；

（7）银行业监督管理机构规定的其他条件。

3. 设立农村资金互助社的步骤

设立农村资金互助社，应当经过筹建与开业两个阶段。

（1）筹建阶段。农村资金互助社申请筹建，应向银行业监督管理机构提交以下文件、资料：①筹建申请书；②筹建方案；③发起人协议书；④银行业监督管理机构要求的其他文件、资料。

农村资金互助社的筹建申请由银监分局受理并初步审查，银监局审查并决定。银监局所在城市的乡镇、行政村农村资金互助社的筹建申请，由银监局受理、审查并决定。

（2）开业阶段。农村资金互助社申请开业，应向银行业监督管理机构提交以下文件、资料：①开业申请；②验资报告；③章程（草案）；④主要管理制度；⑤拟任理事、经理的任职资格申请材料及资格证明；⑥营业场所、安全防范设施等相关资料；⑦银行业监督管理机构规定的其他文件、资料。

开业申请由银监分局受理、审查并决定。银监局所在城市的乡镇、行政村农村资金互助社的开业申请，由银监局受理、审查并决定。

经批准设立的农村资金互助社，由银行业监督管理机构颁发金融许可证，并按工商行政管理部门规定办理注册登记，领取营业执照。农村资金互助社不得设立分支机构。

（四）农村资金互助社的业务经营

1. 资金来源

农村资金互助社以吸收社员存款、接受社会捐赠资金和向其他银行业金融机构融入资金作为资金来源。农村资金互助社接受社会捐赠资金，应由属地银行业监督管理机构对捐赠人身份和资金来源合法性进行审核。

2. 资金运用

农村资金互助社的资金应主要用于发放社员贷款，满足社员贷款需求后确有富余的可存放其他银行业金融机构，也可购买国债和金融债券。农村资金互助社发放大额贷款、购买国债或金融债券、向其他银行业金融机构融入资金，应事先征求理事会、监事会意见。

3. 中间业务

农村资金互助社可以办理结算业务，并按有关规定开办各类代理业务。农村资金互助社开办其他业务应经属地银行业监督管理机构及其他有关部门批准。

4. 禁止性规定

农村资金互助社不得向非社员吸收存款、发放贷款及办理其他金融业务，不得以该社资产为其他单位或个人提供担保。

5. 风险管理

农村资金互助社应审慎经营，严格进行风险管理：

（1）资本充足率不得低于8%；

（2）对单一社员的贷款总额不得超过资本净额的15%；

（3）对单一农村小企业社员及其关联企业社员、单一农民社员及其在同一户口簿上的其他社员贷款总额不得超过资本净额的20%；

（4）对前十大户贷款总额不得超过资本净额的50%；

（5）资产损失准备充足率不得低于100%；

（6）银行业监督管理机构规定的其他审慎要求。

四、小额贷款公司

从2005年5月开始，商业性小额贷款公司试点工作在山西、四川、陕西、贵州和内蒙古五个省（区）开始启动。五个省（区）各选一个县试点，当年末，两家私人资本投资的小额信贷组织获准在山西平遥成立并开始发放贷款。试点成立的小额贷款公司是以服务“三农”、支持农村经济发展为重点，为农户、个体经营者和小微企业提供小额贷款的机构。其资金来源为自有资金、捐赠资金或单一来源的批发资金形式，不吸收存款，不跨区经营，贷款利率由借贷双方自由协商。截至2007年底，五个试点省（区）试点成立的7家小额贷款公司整体运行良好，自试点小额贷款公司成立以来，共计发放贷款3.9亿元。7家小额贷款公司中已有6家实现盈利，经营利润共计1682.29万元。2008年5月，银监会和人民银行联合下发《关于小额贷款公司试点的指导意见》（银监发［2008］23号），进一步规范和明确了小额贷款公司的有关政策，之后试点工作逐步推进并在全国放开。

（一）小额贷款公司的概念

根据银监会和人民银行2008年5月4日联合发布的《关于小额贷款公司试点的指导意见》，小额贷款公司是由自然人、企业法人与其他社会组织投资设立，不吸收公众存款，经营小额贷款业务的有限责任公司或股份有限公司。

（二）小额贷款公司的性质

小额贷款公司是企业法人，有独立的法人财产，享有法人财产权，以全部财产对其债务承担民事责任。小额贷款公司股东依法享有资产收益、参与重大决策和选择管理者等权利，以其认缴的出资额或认购的股份为限对公司承担责任。

小额贷款公司应执行国家金融方针和政策，在法律、法规规定的范围内开展业务，自主经营，自负盈亏，自我约束，自担风险，其合法的经营活动受法律保护，不受任何单位和个人的干涉。

（三）小额贷款公司的设立

1. 小额贷款公司的名称

小额贷款公司的名称应由行政区划、字号、行业、组织形式依次组成，其中行政区划指县级行政区划的名称，组织形式为有限责任公司或股份有限公司。如在山西省平遥县设立的晋源泰小额贷款有限责任公司、日升隆小额贷款有限责任公司等。

2. 设立小额贷款公司应当具备的条件

（1）小额贷款公司的股东需符合法定人数规定。有限责任公司应由50个以下股东出资设立；股份有限公司应有2～200名发起人，其中须有半数以上的发起人在中国境内有住所。

（2）小额贷款公司的注册资本来源应真实合法，全部为实收货币资本，由出资人或发起人一次足额缴纳。有限责任公司的注册资本不得低于500万元，股份有限公司的注册资本不得低于1000万元。单一自然人、企业法人、其他社会组织及其关联方持有的股份，不得超过小额贷款公司注册资本总额的10%。

（3）申请设立小额贷款公司，应向省级政府主管部门提出正式申请，经批准后，到当地工商行政管理部门申请办理注册登记手续并领取营业执照。此外，还应在五个工作日内向当地公安机关、中国银行业监督管理委员会派出机构和中国人民银行分支机构报送相关资料。

（4）小额贷款公司应有符合规定的章程和管理制度，应有必要的营业场所、组织机构、具备相应专业知识和从业经验的工作人员。

（5）出资设立小额贷款公司的自然人、企业法人和其他社会组织，拟任小额贷款公司董事、监事和高级管理人员的自然人，应无犯罪记录和不良信用记录。

（6）小额贷款公司在当地税务部门办理税务登记，并依法缴纳各类税费。

（四）小额贷款公司的资金来源

小额贷款公司的主要资金来源为股东缴纳的资本金、捐赠资金，以及来自不超过两个银行业金融机构的融入资金。

在法律、法规规定的范围内，小额贷款公司从银行业金融机构获得融入资金的余额，不得超过资本净额的50%。融入资金的利率、期限由小额贷款公司与相应银行业金融机构自主协商确定，利率以同期“上海银行间同业拆放利率”为基准加点确定。

小额贷款公司应向注册地中国人民银行分支机构申领贷款卡。向小额贷款公司提供融资的银行业金融机构，应将融资信息及时报送所在地中国人民银行分支机构和中国银行业监督管理委员会派出机构，并应跟踪监督小额贷款公司融资的使用情况。

（五）小额贷款公司的资金运用

小额贷款公司在坚持为农民、农业和农村经济发展服务的原则下自主选择贷款对象。小额贷款公司发放贷款，应坚持“小额、分散”的原则，鼓励小额贷款公司面向农户和微型企业提供信贷服务，着力扩大客户数量和服务覆盖面。同一借款人的贷款余额不得超过小额贷款公司资本净额的5%。在此标准内，可以参考小额贷款公司所在地经济状况和人均GDP水平，制定最高贷款额度限制。

小额贷款公司按照市场化原则进行经营，贷款利率上限放开，但不得超过司法部门规定的上限，下限为人民银行公布的贷款基准利率的0.9倍，具体浮动幅度按照市场原则自主确定。有关贷款期限和贷款偿还条款等合同内容，均由借贷双方在公平自愿的原则下依法协商确定。

《关于小额贷款公司试点的指导意见》的发布，标志着小额贷款公司的合法地位得以确认，由以前的没有合法身份，变成合法的公司制企业。尽管小额贷款公司还没有银监会的金融牌照，还不能完全称其为金融机构，但是，作为从事信贷业务的零售商，发展之迅速，显示出民间资本急于进入金融领域的热情。

第三节　新型农村金融机构的总体特征

新型农村金融机构设置的目的是为解决农村地区银行业金融机构网点率低、金融供给不足、竞争不充分等问题。新型农村金融机构的设置属于农村金融的增量改革，因此它不同于商业银行等传统金融机构，也不同于农村信用社这一最接近农村的金融服务机构，是一类独特的农村金融服务机构，具有以下几个特征：

一、新型农村金融机构服务区域为农村地区服务对象为“三农”

根据《中国银行业监督管理委员会关于调整放宽农村地区银行业金融机构准入政策更好支持社会主义新农村建设的若干意见》，新型农村金融机构设置是为了解决农村地区银行业金融机构网点覆盖率低、金融供给不足、竞争不充分等问题，因此，要求其具备贷款服务功能的营业网点只能设在县（市）或县（市）以下的乡镇和行政村，并保证其贷款业务辐射一定的地域和人群。以上意见决定了新型农村金融机构的使命，就是服务于农民、农业和农村经济，为其提供各种金融服务，促进农村经济发展、农民增收。根据规定要求新型农村金融机构不得进行异地经营，其在当地吸收的资金应尽可能多地用于当地，

对确已满足当地农村资金需求的，其富余资金可通过合法渠道向“三农”融资，从而保障了为“三农”服务的目的。

二、新型农村金融机构的经营具有高风险性

由于新型农村金融机构的贷款对象多是农户和农村小微企业，从而导致其贷款具有高风险性。我国农业劳动生产率低，农产品附加值低，人均耕地不足，普遍缺乏规模化高效益的农业生产单位；农户贷款需求额度小，农业生产风险高，极易造成呆账贷款；农村小微企业管理制度、财务制度等不完善，银行难以有效获取相关财务经营信息，加上难以提供有效的抵押品，导致对其贷款具有较大的风险。以上种种问题造成了涉农信贷风险高，根据中国人民银行 2008 年中国农村金融服务报告显示，2007 年末，全部县域金融机构不良贷款平均占比 13.4%，远高于同期全国四家大型商业银行 8.4% 的不良贷款率的平均水平，由于新型农村金融机构面临的贷款对象大多为以上群体，导致新型农村金融机构经营风险较高。

三、新型农村金融机构规模小、经营机制灵活

新型农村金融机构规模较小，注册资本金少，资本来源多样化，银监会鼓励支持和引导境内外银行资本、产业资本和民间资本参与建设，多样化的资本来源为其良好的法人治理结构提供了坚实的基础。银监会的意见要求，新设立或重组的村镇银行，可只设董事会，并由董事会行使对高级管理层的监督职能。董事会可不设或少设专门委员会，并可视需要设立相应的专门管理小组或岗位，规模较小的村镇银行，其董事长可兼任行长；信用合作组织可不设理事会，由其社员大会直接选举产生经营管理层，但应设立由利益相关者组成的监事会；专营贷款的

全资子公司，其经营管理层可由投资人直接委派，并实施监督。新型农村金融机构较小的规模决定了其简洁、高效的组织层级结构，有利于管理人员及时作出决策，灵活应对各种市场变化。新型农村金融机构在注册资本方面与传统金融机构的比较见表1-1。

表1-1　新型农村金融机构与传统金融机构比较

机构类型	所处地域	最低注册资本（万元）
村镇银行	县市	300
	乡镇	100
贷款公司	县域	50
农村资金互助社	乡镇	30
	行政村	10
小额贷款公司	县域、市区	500（有限责任公司） 1000（股份有限公司）
商业银行	全国、城市	100000
农村商业银行	直辖市、地市	5000
农村合作银行	一般为地市	1000
农村信用社（县市级统一法人）	县市	300
农村信用社	乡镇	100

资料来源：中国银监会，中国人民银行

上述新型农村金融机构的特征，决定了其市场定位和服务对象是面向“三农”和农村中小微企业，同时贷款规模小，而经营成本和风险高。因此，人们对其商业上可持续更加关注。

第四节　村镇银行与小额贷款公司的比较分析

在四类新型农村金融机构中，发展最为迅速的是村镇银行和小额贷款公司。与其他两类机构数量比较少相比，村镇银行已经超过1000家，小额贷款公司更是超过了8000家。这两类机构在业务上有相近之处，有时会成为竞争对手。因此，有必要对这两类机构进行对比。

一、村镇银行与小额贷款公司的相同点

（一）设立与经营的地域范围相近

村镇银行与小额贷款公司设立的地域范围基本一致，均为县域范围。《村镇银行管理暂行规定》指出“村镇银行的名称由行政区划、字号、行业、组织形式依次组成，其中行政区划指县级行政区划的名称或地名”。《关于小额贷款公司试点的指导意见》规定“小额贷款公司的名称应由行政区划、字号、行业、组织形式依次组成，其中行政区划指县级行政区划的名称，组织形式为有限责任公司或股份有限公司”。

因此，村镇银行与小额贷款公司经营的地域范围基本吻合。村镇银行是在农村地区设立的主要为当地农民、农业和农村经济发展提供金融服务的银行业金融机构，但不得发放异地贷款。小额贷款公司可在坚持为农民、农业和农村经济发展服务的原则下自主选择贷款对象。

（二）客户群体及资金投向相近

《村镇银行管理暂行规定》指出“村镇银行在缴足存款准备金后，其可用资金应全部用于当地农村经济建设。村镇银行发放贷款应首先充分满足县域内农户、农业和农村经济发展的需要。确已满足当地农村资金需求的，其富余资金可投放当地其他产业、购买涉农债券或向其他金融机构融资”。《关于小额贷款公司试点的指导意见》规定“小额贷款公司发放贷款，应坚持‘小额、分散’的原则，鼓励小额贷款公司面向农户和微型企业提供信贷服务，着力扩大客户数量和服务覆盖面”。

因此，村镇银行与小额贷款公司服务的客户群体以及资金投向基本一致，主要客户群体都是农户和农村小微企业，资金主要投向农村地区。

二、村镇银行与小额贷款公司的不同点

（一）经营模式导致的经营理念与服务意识的不同

村镇银行的主发起人必须为银行业金融机构，其高管人员和业务骨干均由发起银行派遣，经营方式、操作流程、内部管理制度等很难改变主发起银行固有的经营模式，自主经营空间有限，容易遏制村镇银行在金融服务创新方面的内生动力，使村镇银行的创新都要在主发起行的主导下进行。

小额贷款公司的发起人是自然人、企业法人与其他社会组织，经营方式无固定模式，完全可以根据市场情况制定相关制度，着力于金融服务创新，具有很大的自主经营权与灵活性。

（二）业务范围导致的资金来源、监管主体的不同

村镇银行作为银行业金融机构，可以从事所有的银行业务。小额贷款公司作为股份制企业，不能吸收公众存款。小额贷款公司的主要资金来源为股东缴纳的资本金、捐赠资金，以及来自不超过两个银行业金融机构的融入资金。作为银行业金融机构的村镇银行，银监会是其唯一的监管机构，而小额贷款公司由于身份以及市场地位的不同，监管机构包括金融办、发改委、工商局、财政局、公安局等，需要多个部门协同监管。

（三）对客户的信息对称性的不同

相比于村镇银行，小额贷款公司在客户的信息对称性更有优势：一是小额贷款公司专注于发放贷款，除了日常基本的行政事务外，大部分人力物力都用在了解客户、管理客户上，对客户的了解较村镇银行更加全面与充分。二是小额贷款公司的股东人数较多，对客户的辐射面较广，多数股东就是当地的民营企业，便于了解客户。

（四）设置地域有所不同

通过近几年的发展，村镇银行和小额贷款公司在设置地域上出现了一些变化。村镇银行目前允许在西部地区设立地区级的法人机构，而小额贷款公司则可以到市区设立。

其他方面的区别，根据《村镇银行管理暂行规定》和《关于小额贷款公司试点的指导意见》，见表1－2。

表1－2　村镇银行与小额贷款公司的区别

比较项目	村镇银行	小额贷款公司
企业性质	金融机构	一般企业
经营范围	各类银行业务	不吸收公众存款、经营小额贷款业务
出资人	由境内外金融机构、境内非金融机构企业法人、境内自然人出资设立	由自然人、企业法人和其他社会组织投资设立
资金来源	注册资本金、吸收公众存款	资本金、捐赠资金、从金融机构融入不超过资本净额50%资金
注册资本	在县（市）设立的村镇银行注册资本不得低于300万元，在乡（镇）设立的村镇银行注册资本不得低于100万元	有限责任公司的注册资本不得低于500万元，股份有限公司的注册资本不得低于1000万元

续表

比较项目	村镇银行	小额贷款公司
股东持股比例限制	最大银行业金融机构股东持股比例不得低于村镇银行股本总额的 20%（后调整为 15%），单个自然人股东及关联方持股比例不得超过村镇银行股本总额的 10%，单一非银行金融机构或单一非金融机构企业法人及其关联方持股比例不得超过村镇银行股本总额的 10%	单一自然人、企业法人、其他社会组织及其关联方持有的股份，不得超过小额贷款公司注册资本总额的 10%
审批部门	银监会	地方政府金融办
监管部门	银监会	多部门协同管理
利　率	参照农村信用社，2013 年贷款利率全部放开，即不高于人民银行公布的基准利率的 4 倍	不高于人民银行公布的贷款基准利率的 4 倍，下限不得低于基准利率的 0.9 倍，具体利率的浮动幅度、贷款期限，由借贷双方依法协商确定

资料来源：中国银监会，中国人民银行

第二章　新型农村金融机构的发展历程与现状

银监会农村金融机构增量改革新政出台后，村镇银行等三类机构试点进展顺利，但至2011年底，总体看新型农村金融机构发展比较缓慢。之后，银监会调整了发展思路，引导和鼓励优质主发起行批量化发起设立村镇银行，使村镇银行数量得到了迅速发展。小额贷款公司合法化后发展迅速，成为四类新型农村金融机构中最多的一种。

2006年底中国银监会发布了农村金融机构增量改革新政，并在四川、青海、甘肃、内蒙古、吉林、湖北等6省（区）的农村地区展开村镇银行等三类农村金融机构的试点。2007年，试点范围由最初的6个省（区）扩大至全国31个省（区、市）的银行业金融机构网点覆盖率低、金融供给不足、竞争不充分的县（市）及县（市）以下地区。2009年，银监会发布《新型农村金融机构2009年—2011年工作安排》，决定在三年内再设立1300家左右新型农村金融机构，但至2011年底，总体看新型农村金融机构发展比较缓慢。2011年7月25日，银监会制定印发了《关于调整村镇银行组建核准有关事项的通知》，调整了发展思路，引导和鼓励优质主发起行批量化发起设立村镇银行，使村镇银行数量得到了迅速发展。小额贷款公司出现于2005年，最初由人民银行主导试点工作。2008年5月银监会与人民银行发布了《关于小额贷款公司试点的指导意见》，使小额贷款公司合法化。之后，小额贷款公司发展迅速，成为四类新型农村金融机构中最多的一种。

第一节　银监会关于新型农村金融机构准入新政

一、银监会准入新政的出台背景

为有效解决农村地区银行业金融机构网点覆盖率低、金融供给不足、竞争不充分等问题，构建符合社会主义新农村建设需求的农村金融体系，继人民银行推行“只贷不存”小额贷款公司试点之后不到一年，2006年12月20日中国银监会发布了《关于调整放宽农村地区银行业金融机构准入政策更好支持社会主义新农村建设的若干意见》，并在四川、青海、甘肃、内蒙古、吉林、湖北等6省（区）的农村地区展开村镇银行等三类农村金融机构的试点。其基本原则是：“按照商业可持续原则，适度调整和放宽农村地区银行业金融机构准入政策，降低准入门槛，强化监管约束，加大政策支持，促进农村地区形成投资多元、种类多样、覆盖全面、治理灵活、服务高效的银行业金融服务体系，以更好地改进和加强农村金融服务，支持社会主义新农村建设。”

与人民银行主导的小额贷款公司试点改革相比，银监会的方案涉及面更广泛、力度更大，可以说能够让人震撼，一些以前敢想但认为不可能实现的事情变成了现实。《意见》更深刻地触及了当时农村金融市场的一些最核心的弊端，是进入新世纪十几年以来农村金融领域力度最大的改革举措，如民间资本进入银行领域、成立真正意义的信用合作组织等。这些措施对于改善农村资金外流、缓解农村经济主体融资困难、推动农村产业结构调整和农民增加收入等必将产生深远的影响。更重要的是，农村金融市场将会出现多元投资主体并存、多种形式金融机构良性竞争的局面，有利于有效动员区域内农民储蓄和其他民间资金，有序引导这些闲散资本流向农村生产性领域，对民间信用的合法化和规范化有着重要的意义。

《意见》中的农村地区银行业金融机构包括三类新设立的机构，两类现有机构。三类新型农村银行业金融机构包括：一是村镇银行，包括设在县及县级市的村镇银行，以及设在乡镇的村镇银行；二是社区性信用合作组织，主要设在乡镇一级和村一级。三是专营贷款业务的子公司，由商业银行和农村合作银行设立。两类现有机构：一是支持各类资本参股、收购、重组农村信用社，将农村信用社代办站改造为新型农村银行业金融机构；二是支持现有银行业金融机构在农村地区增设分支机构。上述五类农村银行业金融机构，在注册资本、营运资金、投资人资格和入股比例、业务准入条件和范围、高级管理人员准入资格、机构审批、公司治理等七个方面均享受调整放宽的政策。

《意见》指出，境内外银行资本、产业资本、民间资本都可以到农村地区投资、收购、新设银行业金融机构。

二、银监会调整和放宽准入政策的主要内容

（一）放开准入资本范围，设立多种形式的农村金融机构

《意见》最为重要的突破在于两项放开，一是对所有社会资本放开，一是对所有金融机构放开。对于资本放开，包括境内外银行资本、产业资本、民间资本都可以到农村地区投资、收购、新设银行业金融机构。对金融机构放开，包括：一是鼓励各类资本到农村地区新设主要为当地农户提供金融服务的村镇银行。二是农村地区的农民和农村小企业也可按照自愿原则，发起设立为入股社员服务、实行社员民主管理的社区性信用合作组织。三是鼓励境内商业银行和农村合作银

行在农村地区设立专营贷款业务的全资子公司。四是支持各类资本参股、收购、重组现有农村地区银行业金融机构，也可将管理相对规范、业务量较大的信用代办站改造为银行业金融机构。五是支持专业经验丰富、经营业绩良好、内控管理能力强的商业银行和农村合作银行到农村地区设立分支机构，鼓励现有的农村合作金融机构在本机构所在地辖内的乡（镇）和行政村增设分支机构。上述新设银行业法人机构总部原则上设在农村地区，也可以设在大中城市，但其具备贷款服务功能的营业网点只能设在县（市）或县（市）以下的乡镇和行政村。农村地区各类银行业金融机构，尤其是新设立的机构，其金融服务必须能够覆盖机构所在地辖内的乡镇或行政村。

从以上五点可以看出，在新设三类银行业金融机构提高机构覆盖面的同时，还支持两类现有农村地区银行业金融机构的发展：一是支持各类资本参股、收购、重组农村信用社，将农村信用社代办站改造为新型农村银行业金融机构；二是支持现有银行业金融机构在农村地区增设分支机构，包括鼓励股份制商业银行、城市商业银行到农村地区设立分支机构。

在放开的各类农村金融机构中，最具有重要意义的是允许设立村镇银行和社区性信用合作组织。《意见》出台后，只要是愿意，以前的各种民间金融组织均可以转化为具有合法地位的正规农村金融组织，由地下转为合法，为民间金融的合法化开辟了有效途径。而具有一定规模资金的农村中小企业和农村居民，只要具备银监会规定的注册资本金要求和其他监管要求，就可以设立具有合法地位的正规村镇银行和农村信用合作组织。

一项具有突破意义的是，2006 年 10 月 31 日通过的《中华人民共和国农民专业合作社法》（2007 年 7 月 1 日起实施），虽然规定了多类农民专业合作社，但没有农民信用合作的相关规定。这与当时我国农村信用社改革的现状有关，我国的农村信用社一直以来并不是真正的信用合作组织，有其名无其实，根本不允许农民自由设立，也不能自由入社和退社，基本都是官办的。应该说，在全国人大通过这个《农民专业合作社法》的时候，对于允许兴办农村信用合作组织还是有顾虑的，当然其主要考虑到这种民间性的真正的农民信用合作组织会对原有的农村信用社体系造成冲击，以及这种真正的农村信用社该叫什么名称。而国际合作运动开展的一个主要经验是，信用合作组织是合作组织中最重要的一个组成部分，规模最大，发展也最迅猛。我国农民专业合作社中排除信用合作社，是非常不合理的。而此次银监会的《意见》非常具有创造性，直接允许农民和农村中小企业设立主要为入股社员服务、实行社员民主管理的社区性信用合作组织，这就比《农民专业合作社法》的规定又前进了一大步。打破了改革开放以来经过多年的讨论、论证，也无法把农村信用社改革为真正的信用合作组织的怪现象，使农村金融中有了真正的信用合作组织。同时，将会极大地改善农村资金紧缺和资金外流的情况，也有利于整合现有的民间信用组织，使这些民间信用组织获得合法的地位。

另一项具有突破意义的是设立村镇银行。在金融体系比较发达的市场经济国家，银行体系中占绝大多数的是社区性的中小银行，大银行为数很少。村镇银行当属社区性中小银行，它们是地区性的金融机构，一般不跨地区经营；同时，由于规模小，其经营能力和比较优势也使其只能适于在一个比较封闭的区域内运作。我国的农村信用社、农村合作银行、农村商业银行应该也具有社区银行的特征，但还不能满足农村贷款分散、小额的需求。村镇银行的设立，可增加农村社区银行的数量，对于改善我国中小金融机构缺乏、农村金融市场竞争性不足的情况，是非常有益的。

（二）调低注册资本，取消县域设立分支机构营运资金限制

此次银监会开放农村金融市场试点的主要指导思想是调低注册资本，使各类闲置资金能够比较容易地进入农村信贷市场。调低注册资本后，新设银行业机构的资本金门槛与农村经济发展的实际更相符合。

《意见》中根据农村地区金融服务规模及业务复杂程度，确定了新设银行业金融机构注册资本。一是在县（市）设立的村镇银行，其注册资本不得低于人民币300万元；在乡（镇）设立的村镇银行，其注册资本不得低于人民币100万元。二是在乡（镇）新设立的信用合作组织，其注册资本不得低于人民币30万元；在行政村新设立的信用合作组织，其注册资本不得低于人民币10万元。三是商业银行和农村合作银行设立的专营贷款业务的全资子公司，其注册资本不得低于人民币50万元。四是适当降低农村地区现有银行业金融机构通过合并、重组、改制方式设立银行业金融机构的注册资本，其中，农村合作银行的注册资本不得低于人民币1000万元，以县（市）为单位实施统一法人的机构，其注册资本不得低于人民币300万元。

从中可以看出，各类新设机构的最低注册资本要求是非常低的，多数都在100万元以下，同时还调低了农村合作银行和以县（市）为单位实施统一法人的农村信用社的注册资本。农村合作银行的注册资本由原来的不得低于人民币2000万元调至1000万元，以县（市）为单位实施统一法人的农村信用社，其注册资本由原来的不得低于人民币1000万元调至300万元。与人民银行试点的七家“只贷不存”小额贷款公司的注册资本金规模相比，银监会的试点方案更加注重降低门槛，使农村各类资金拥有者都有可能进入农村金融市场，从而扩大农村金

融市场的资金来源。

从农村金融市场中的资金需求主体来看，难以获得贷款的是小微企业和一般农户，而且其资金的需求量较低。以往规模比较大的金融机构往往不能将网点深入到最基层，这也是农户和小微企业贷款难的原因之一。把金融机构的规模降下来，把网点设到乡镇甚至行政村，将资金的小额供给者和小额需求者紧密地联系起来，可以降低交易成本，使借贷更加容易。另外，从农村现有的民间信用组织来看，融资规模也是比较低的。因此，降低市场准入门槛，有利于民间信用组织的规范化发展，使现有的民间信用组织可以比较容易地进入正规金融市场，转化为正规金融机构。相比之下，人民银行所推行的小额贷款公司的注册资本金门槛很高，虽然资金多可以保障稳健经营，但资本金越多，单笔贷款的规模就可能越大，如注册资本5000万元的小额贷款公司，单个客户最高贷款为5%，这就是250万元，这还叫小额贷款吗？有的小额贷款公司的单笔贷款规模多为几十万元左右，在这种情况下，其融资服务于一般农户的内在激励必然下降，影响其对一般农户的服务。

此外，还取消了境内银行业金融机构对在县（市）、乡镇、行政村设立分支机构拨付营运资金的限额及相关比例的限制。而在我国《商业银行法》中规定，商业银行设立分支机构有一定的资金限制，总行应当按照规定拨付与新设分支机构经营规模相适应的营运资金额。也就是向每个分支机构拨付营运资金需要一个最低限额，不能低于这个限额。同时规定，各商业银行总行拨付分支机构营运资金额的总和，不得超过全行资本金总额的60%。这就是说，如果没有足够的注册资本，就不可能设立更多的分支机构。此次取消境内银行业金融机构对在县域设立分支机构拨付营运资金的限额及相关比例的限制，实际上是放宽了这些银行业金融机构进入农村地区的门槛，对于想在农村地区有所作为的银行业金融机构来说是一个难得的机遇。

（三）对农村金融机构加强农村服务的要求和鼓励措施

在《意见》中，银监会运用各种经济激励手段，鼓励各种金融机构加强对农村的服务，同时对其服务新农村提出了要求。在银监会的试点中，规定新设银行业法人机构总部原则上设在农村地区，也可以设在大中城市，但其具备贷款服务功能的营业网点只能设在县（市）或县（市）以下的乡镇和行政村。农村地区各类银行业金融机构，尤其是新设立的机构，其金融服务必须能够覆盖机构所在地辖内的乡镇或行政村。为了激励金融机构在农村设立分支机构的热情，规定凡是在农村地区设立机构的申请，监管机构可在同等条件下优先审批。国有商业银行、股份制商业银行、城市商业银行在大中城市新设立分支机构的，原则上应在新设机构所在地辖内的县（市）、乡镇或行政村也相应设立分支机构。同时取消境内银行业金融机构对在县（市）、乡镇、行政村设立分支机构拨付营运资金的限额及相关比例的限制。

（四）调整投资人资格，放宽境内投资人持股比例

此次改革注重使农村金融机构的股权多元化，以便最大限度地动员区域内的资金甚至境内外的资金，使每个资金所有者都能够在农村金融市场中找到合适的位置，增加农村金融市场的资金供给，解决资金短缺的问题。此次银监会试点政策，着意调整投资人资格，放宽境内投资人持股比例，对境内企业法人向农村地区银行业法人机构投资入股的条件作了适当调整。试点方案规定，境内企业法人应具备诚信记录良好、上一年度盈利、年终分配后净资产达到全部资产的10%以上（合并会计报表口径）、资金来源合法等条件。资产规模超过人民币50亿元，且资本充足率、资产损失准备充足率以及不良资产率等主要审慎监管指标符合监管要求的境内商业银行、农村合作银行，可以在农村地区设立专营贷款业务的全资子公司。

此外，为了控制村镇银行的风险，防止外行人开办银行的事情出现，使村镇银行的设立具备良好的经营基础，试点方案规定，村镇银行应采取发起方式设立，且应有1家以上（含1家）境内银行业金融机构作为发起人。适度提高境内投资人入股农村地区村镇银行、农村合作金融机构持股比例。其中，单一境内银行业金融机构持股比例不得低于20%，单一自然人持股比例、单一其他非银行企业法人及其关联方合计持股比例不得超过10%。任何单位或个人持有村镇银行、农村合作金融机构股份总额5%以上的，应当事先经监管机构批准。这些措施，在于鼓励投资来源的多元化和股权结构的分散化，防止新成立的村镇银行被某一投资者所控制，有利于村镇银行建立良好的治理结构。

坚持村镇银行的主发起人、最大股东必须是符合条件的银行业金融机构，主要有以下好处：一是保护存款人利益的需要。由于村镇银行吸收公众存款，因此需要通过引进银行业机构作主发起人、最大股东，以确保机构安全运营、健康发展，有效防范金融风险，从根本上保护存款人利益，防止重蹈20世纪90年代农村合作基金会的覆辙。二是确保村镇银行可持续发展。吸收符合条件的银行业金融机构作为主发起人，可以引进和利用主发起人银行的运营、管理经验和技术、网络优势，使村镇银行从设立开始就具有良好的发展基础，从而有效保证农村金融服务的质量和水平。实践证明，村镇银行得以稳健发展，坚持“主发起人是符合条件的银行业金融机构”是重要原因之一。

（五）实行简洁、灵活的公司治理

一般来说，新型农村金融机构规模小，初期员工只有10人左右，且业务简

单。这种小型化的特点决定了新型农村金融机构的公司治理跟一般大的商业银行相比必然有比较明显的区别，没有必要全面设置股东会、董事会、监事会以及经理（行长）阶层。新型农村金融机构的内部治理结构应该尽量灵活化，具备高效、简洁、实用等特点，不必照搬大商业银行的规定。银监会的试点方案明确规定，农村地区新设的各类银行业金融机构，应针对其机构规模小、业务简单的特点，按照因地制宜、运行科学、治理有效的原则，建立并完善公司治理，在强化决策过程的控制与管理、缩短决策链条、提高决策经营效率的同时，要加强对高级管理层履职行为的约束，防止权力的失控。在机构设立中，在保证决策效率和控制风险的前提下，应尽量简捷化，减小决策成本。方案规定：一是新设立或重组的村镇银行，可只设董事会，并由董事会行使对高级管理层的监督职能。董事会可不设或少设专门委员会，并可视需要设立相应的专门管理小组或岗位，规模微小的村镇银行，其董事长可兼任行长。二是信用合作组织可不设理事会，由其社员大会直接选举产生经营管理层，但应设立由利益相关者组成的监事会。三是专营贷款业务的全资子公司，其经营管理层可由投资人直接委派，并实施监督。这些规定可以使新型农村金融机构避免管理机构过大，防止出现工作效率低下，降低营运成本，满足农村地区的资金需求。

（六）放宽业务准入条件与范围，鼓励金融创新

农村金融业务与城市金融业务有很大的区别。由于农村资金需求者的融资具有小额、分散的特点，因此农村金融机构所设计的金融产品必须符合农村地区的这些特点，不能简单地把城市金融产品下放农村。在银监会的试点方案中，其基本指导原则是放宽业务准入条件与范围，鼓励金融创新。一方面，银监会在成本可算、风险可控的前提下，积极支持农村地区银行业金融机构开办各类银行业务，提供标准化的银行产品与服务。同时，考虑到农村金融市场非正规化的特点，银监会也鼓励并扶持农村地区银行业金融机构开办符合当地客户合理需求的金融创新产品和服务。农村地区银行业法人机构的具体业务准入实行区别对待，因地制宜，由当地监管机构根据其非现场监管及现场检查结果予以审批。这就为新型农村金融机构的金融创新留下了很大空间。

三、新政中对新型农村金融机构监管的规定

银监会对农村地区银行业金融机构准入政策的调整放宽，是在股东范围、注册资本、业务准入、人员资格、公司治理、行政审批等方面的调整和放宽，而在审慎经营方面的要求方面没有放宽。因此，为确保这类机构的可持续发展，对风险及时分类处理，使农村银行业金融机构能够稳健经营，必须对新型农村银行业

金融机构实施严格的监管。主要监管措施包括以下几点。

（一）坚持“低门槛、严监管”的原则，实施审慎监管

“严监管”就是强化监管措施，实行“刚性”市场退出约束。各审慎经营的监管指标和商业银行标准是一致的。要强化对农村地区新设银行业法人机构资本充足率、资产损失准备充足率、不良资产率及单一集团客户授信集中度的持续、动态监管。农村地区新设银行业法人机构必须执行审慎、规范的资产分类制度，在任何时点，其资本充足率不得低于8%，资产损失准备充足率不得低于100%，内部控制、贷款集中、资产流动性等应严格满足审慎监管要求。同时，村镇银行不得为股东及其关联方提供贷款。

（二）根据新型农村金融机构的资本充足状况及资产质量状况，适时采取差别监管措施

一是对资本充足率大于8%、不良资产率在5%以下的，监管机构可适当减少对其现场检查的频率或范围，支持其稳健发展。二是对资本充足率低于8%、大于4%的，要督促其限期提高资本充足率，并加大非现场监管及现场检查的力度，适时采取限制其资产增长速度、固定资产购置、分配红利和其他收入、增设分支机构、开办新业务以及要求其降低风险资产规模等措施，督促其限期进行整改。三是对限期达不到整改要求、资本充足率下降至4%、不良资产率高于15%的，可适时采取责令其调整高级管理人员、停办所有业务、限期重组等措施。四是在限期内仍不能有效实现减负重组、资本充足率降至2%以下的，应适时接管、撤销或破产。

对专营贷款业务的全资子公司，应主要实施合规监管，并与其母公司实施并表监管。

（三）引导和监督新型农村金融机构的资金投向

原则上，信用合作组织应将其资金全部用于社员，确有资金富余的，可存放其他银行业金融机构或购买政府债券、金融债券。对新设立的信用合作组织，只要其管理规范、诚实守信、运行良好，其他银行业金融机构可根据其实际需要予以融资支持。鼓励农村地区其他新设银行业金融机构在兼顾当地普惠性和商业可持续性的前提下，将其在当地吸收的资金尽可能多地用于当地。对确已满足当地农村资金需求的，其富余资金可用于购买中国农业发展银行发行的金融债券，或通过其他合法渠道向“三农”融资。

（四）建立农村地区银行业金融机构支农服务质量评价考核体系

一是农村地区银行业金融机构应制定满足区域内农民、农村经济对金融服务需求的信贷政策，并结合当地经济、社会发展的实际情况，制定明确的服务目

标，保证其贷款业务辐射一定的地域和人群。二是银行业金融机构应根据在农村地区开展贷款业务的特点，积极开展制度创新，构建正向激励约束机制，建立符合“三农”实际的贷款管理制度，培育与社会主义新农村建设相适应的信贷文化。三是监管机构应建立对农村地区银行业金融机构的支农服务质量考核体系，并将考核结果作为对该机构综合评价、行政许可以及高级管理人员履职评价的重要内容，促进农村地区银行业金融机构安全稳健经营，满足农村地区的有效金融需求。

第二节　新型农村金融机构的发展历程

一、村镇银行等新型农村金融机构的发展进程

银监会调整放宽农村地区银行业金融机构准入政策后，村镇银行、贷款公司和农村资金互助社等农村金融机构应运而生。新型农村金融机构肩负着新一轮农村金融改革成败与否的重大使命，其健康发展是进一步完善农村金融服务体系、促进农村经济健康发展的重要力量。2007 年 2 月 8 日，中国首家村镇银行——四川仪陇惠民村镇银行有限责任公司获南充银监分局批准开业。自此，一类崭新的农村银行业金融机构在我国正式诞生。之后，新型农村金融机构试点工作进展顺利，成效明显，试点机构运行平稳、风险可控、服务良好。2007 年末，已有包括村镇银行、贷款公司和农民互助合作社在内的 31 家新型农村金融机构开业，其中村镇银行 19 家，贷款公司 4 家，农民互助合作社 8 家。截至 2007 年末，三类新型农村金融机构股金共计 3. 06 亿元，资产总额 7. 67 亿元，累计发放贷款 4. 62 亿元。2007 年 10 月，经国务院批准，村镇银行等试点工作扩大到全国 31 个省（区、市）。

截至 2008 年底，全国共有 107 家新型农村金融机构开业，其中村镇银行 91 家，贷款公司 6 家，农村资金互助社 10 家。已开业的 107 家机构共吸纳股金 41. 2 亿元，吸收存款 64. 6 亿元，贷款余额 34. 2 亿元，96% 的贷款投向农村小企业和农户。新型农村金融机构类型更加多元化，中西部地区农村金融机构覆盖率有所提高，“鲶鱼效应”初步显现，试点地区农村金融服务水平显著改善。同时，银监会及时更新 2007 年度《中国银行业农村金融分布图集》数据，为新型农村金融机构选点提供科学信息支持。引导农业银行在湖北和内蒙古、建设银行在湖南、民生银行在四川分别设立村镇银行。汇丰银行（中国）有限公司、花

旗银行（中国）有限公司和渣打银行（中国）有限公司等外资金融机构也投资设立7家新型农村金融机构。通过设立新型农村金融机构网点、银行业金融机构提供流动服务等方式，全国零金融服务乡镇数降至2008年底的1424个。而且，银监会计划用三年时间，力争通过直接设立新型农村金融机构、新型农村金融机构延伸服务和现有银行业金融机构设立分支机构、提供流动服务等方式，全部解决现有农村地区零银行业金融机构网点乡镇的金融服务问题，实现农村金融服务全覆盖。

2009年，银监会针对新型农村金融机构的培育力度进一步加大，机构数量进一步增多，组建范围进一步扩大，试点成效进一步显现。一是按照“定位‘三农’、循序渐进、风险可控、监管有效”原则，制定《新型农村金融机构2009—2011年总体工作安排》，计划在全国再设立1300家左右新型农村金融机构，重点向金融网点覆盖率低、金融服务不足的中西部地区倾斜，争取通过3年努力，与现有机构一起基本实现县（市）及以下乡镇金融服务全覆盖。二是认真贯彻落实国务院关于村镇银行建设五点意见精神，全面总结三年来新型农村金融机构发展经验，督促其瞄准市场定位，加强风险管理，实现稳健经营，切实防范各类风险，同时着力引导大中型商业银行积极参与新型农村金融机构组建。三是修订《贷款公司管理规定》，拓宽贷款公司融资渠道。四是颁布《小额贷款公司改制设立村镇银行暂行规定》，引导小额贷款公司健康发展。截至2009年底，共核准172家新型农村金融机构开业，其中村镇银行148家，贷款公司8家和农村资金互助社16家。已开业的新型农村金融机构共吸收股金70亿元，存款余额269亿元，贷款余额181亿元，其中农户贷款5.1万户、66亿元，小企业贷款0.5万户、91亿元，分别占贷款余额的36.5%和50.3%。

2010年，银监会继续坚持创新培育模式与强化风险监管并举，大力培育发展新型农村金融机构。印发《关于加快发展新型农村金融机构有关事宜的通知》，在主发起行、管理模式等方面作出适应性调整，允许金融资产管理公司发起设立村镇银行，允许设立10家及以上新型农村金融机构的主发起人设立管理总部，允许设立30家及以上新型农村金融机构的主发起人探索组建控股公司，允许主发起人到西部（除省会城市外）地区和中部老少边穷地区以地（市）为单位组建总分行制的村镇银行。截至2010年底，全国共组建新型农村金融机构395家，其中村镇银行349家，贷款公司9家，农村资金互助社37家。已开业机构总体运营健康平稳，存款余额752.7亿元，贷款余额600.9亿元，实现利润9.5亿元，86.7%的资金投向“三农”和小企业，累计发放小企业贷款3.1万笔、贷款余额313.8亿元，占比52.2%；农户贷款累计23.7万笔、贷款余额

207.4亿元，占比34.5%。新型农村金融机构的出现，提高了农村金融市场的竞争程度和运行效率，填补了部分地区农村金融服务空白，对促进提升农村金融服务水平发挥了积极作用。

2011年，银监会根据风险防范需要，印发《关于调整村镇银行组建核准有关事项的通知》，调整完善准入政策，确立集约化培育、专业化管理的工作思路，鼓励按照区域挂钩的原则集约化组建村镇银行，重点布局西部地区和中部欠发达县域，并按照先西部地区后东部地区、先欠发达县域后发达县域的次序组建，同时要求村镇银行坚持面向“三农”的建设方向和“做散做小”的经营原则。截至2011年底，全国242家银行业金融机构共发起设立786家新型农村金融机构，其中村镇银行726家（已开业635家），贷款公司10家，农村资金互助社50家（已开业46家）。473家分布在中西部地区，占60.2%，313家分布在东部地区，占39.8%。新型农村金融机构累计吸引各类资本369亿元，各项贷款余额1316亿元，其中小企业贷款余额620亿元，农户贷款余额432亿元，两者合计占各项贷款余额的80%。

村镇银行、贷款公司和农村资金互助社等三类新型农村金融机构数量变动情况见表2－1。

表2－1　新型农村金融机构数量变动表

年份	合计	村镇银行	贷款公司	农村资金互助社
2007	31	19	4	8
2008	107	91	6	10
2009	172	148	8	16
2010	395	349	9	37
2011	691	635	10	46

资料来源：中国银监会年报2007－2011

二、银监会促进新型农村金融机构发展的政策措施

（一）新型农村金融机构2009年—2011年总体工作安排

2009年7月23日，银监会编制的《新型农村金融机构2009年—2011年总体工作安排》经国务院同意，向各银监局、各政策性银行、国有商业银行、股份制商业银行，中国邮政储蓄银行发布实施，计划在未来三年，在全国再设立1300家左右新型农村金融机构。其中村镇银行1027家，贷款公司106家，农村资金

互助社 161 家。

1. 实施准入挂钩措施

考虑到我国地区经济发展不平衡的实际情况，银监会对银行业金融机构主发起人实施准入挂钩措施。主发起人在规划内的全国百强县或大中城市市辖区发起设立村镇银行的，原则上与国家扶贫开发工作重点县实行 1∶1 挂钩，或与中西部地区实行 1∶2 挂钩，主发起人在这些地区没有分支机构的可以设立分支机构；在东部地区规划地点发起设立村镇银行的，原则上与国定贫困县实行 2∶1 挂钩，或与中西部地区实行 1∶1 挂钩，主发起人在这些地区没有分支机构的可以设立分支机构。此外，此前已发起设立村镇银行、贷款公司的，一并实施挂钩措施。

2. 实施过程中的其他措施

在大力推进新型农村金融机构三年总体工作安排过程中，鼓励主发起人成立专司村镇银行、贷款公司管理的事业部，支持在经营规模大、服务能力强、带动农户多、运营管理好、信用记录良的农民专业合作社基础上组建农村资金互助社，允许各地在三年总体工作安排框架下经银监会同意后适当调整机构类型、区域分布、时间安排。

（二）关于加快发展新型农村金融机构有关事宜的通知

为加快培育新型农村金融机构，解决组建进度缓慢、机构类型不尽合理、大中型银行主发起人偏少等突出问题，如期完成三年总体工作安排。2010 年 4 月 20 日银监会印发了《关于加快发展新型农村金融机构有关事宜的通知》，主要内容如下：

1. 强化执行力，确保完成三年规划

三年规划是各地征求省级人民政府意见后报国务院批准确定的，各地必须严格执行，确保如期完成。银监局要高度重视，把按规划组建新型农村金融机构作为银监局的一项重要工作来抓，“一把手”负总责，强化银监局内部配合，加强银监局之间协作，优化审批流程，提高审批效率，为新型农村金融机构的发展创造良好条件和监管环境。要严格执行新型农村金融机构准入标准，不得抬高或变相抬高准入门槛。凡是出台的与银监会规定不一致的政策办法、规定、细则或条款，要立即予以废止。要按照“全国一盘棋”的思想，破除本位主义，支持本省主发起人走出去，欢迎外省主发起人走进来。银监会将不定期通报、考核各地规划完成情况。

2. 因地制宜，允许三年规划适度调整

在确保三年规划机构数量不减、要求不变的前提下，按照实事求是，有利于改善农村金融服务，有利于新型农村金融机构发展的原则，对于年度时间安排与调整、同一县（市）内变更规划地点、增加国定贫困县、粮棉大县、种养殖大县及银行业金融机构网点空白乡镇规划地点等事项，银监局可自主决定并报银监会备案。

3. 坚持基本条件不变，合理把握挂钩政策

实施“东西挂钩、城乡挂钩、发达与欠发达挂钩”政策的主要目的在于引导主发起人到经济欠发达地区设立新型农村金融机构。各地要以完成全国规划、重点支持经济欠发达地区新型农村金融机构发展为大局，认真执行挂钩政策，不得以完成省内计划为由放宽、降低或突破准入挂钩政策的原则和要求，省内挂钩也要严格执行银监会有关要求。为确保完成三年规划，避免因东热西冷出现东快西慢、东多西少的情况，对经济发达、投资人积极性高的地区，要严格坚持准入挂钩标准不变；对经济欠发达、主发起人投资意愿不强的地区在坚持准入挂钩政策基本原则的前提下，中西部省定贫困县可按照国定贫困县挂钩标准执行，辽宁、河北和海南三省视同中西部省份，新疆区所有县（市）按国定贫困县对待，以有效解决当地农村地区网点覆盖率低、金融服务空白、竞争不充分的问题。

4. 加大推动大中型商业银行参与力度

自新型农村金融机构组建以来，大中型商业银行积极履行社会责任，参与发起设立新型农村金融机构。截至2009年末，大中型商业银行共发起设立26家新型农村金融机构，其中1家政策性银行发起设立6家，4家国有商业银行发起设立9家，4家股份制商业银行发起设立11家。为进一步提高大中型商业银行参与新型农村金融机构组建的积极性，银监会将不定期对大中型商业银行参与新型农村金融机构组建情况进行通报，并将其参与新型农村金融机构组建情况与其他市场准入事项挂钩。各银监局要尊重大中型商业银行主发起人的意愿，积极支持和配合其组建村镇银行战略布局。

5. 支持鼓励中小银行业金融机构发起设立新型农村金融机构

中小银行业金融机构机制灵活，在服务小企业和“三农”方面具有优势，发起设立新型农村金融机构意愿强，各银监局要加强对中小银行业金融机构的指导，对符合条件、意愿强烈的，要积极支持其发起设立新型农村金融机构，对符合条件、意愿不强的，要加强引导。各银监局可将中小银行业金融机构设立分支机构与发起设立新型农村金融机构实施准入挂钩。严禁以各种方式和手段阻碍或变相阻碍符合条件、有发起意愿的中小银行业金融机构跨地区、跨省份发起设立新型农村金融机构。

6. 调整村镇银行有关政策

为推动新型农村金融机构发展，在实施机构间的有效风险隔离、设立严密

“防火墙”的基础上，允许资产管理公司发起设立村镇银行。为解决村镇银行资本额度小、贷款集中度比例偏低、不能有效满足中小企业信贷需求问题，将村镇银行对同一借款人的贷款余额由不得超过资本净额的5%调整为10%，对单一集团企业客户的授信余额由不得超过资本净额的10%调整为15%。

7. 探索新型农村金融机构管理模式

为提高主发起人发起设立新型农村金融机构积极性，鼓励支持主发起人通过新的管理模式规模化地推进机构组建。一是对设立10家（含10家）以上新型农村金融机构的主发起人，为减少管理成本，提高管理效率，允许其设立新型农村金融机构管理总部。管理总部不受地域限制，履行管理和后台服务职能，不从事金融业务。二是对设立30家（含30家）以上新型农村金融机构的主发起人，允许其探索组建新型农村金融机构控股公司。三是允许西部除省会城市外的其他地区和中部老、少、边、穷等经济欠发达地区以地（市）为单位组建总分行制的村镇银行，总行设在地（市），办理除贷款以外的经银行业监管部门批准的其他业务，支行设在地（市）辖内所有县（市）。总行吸收的存款除上缴存款准备金和留足备付金外，应主要用于支行发放贷款，支行吸收的存款要全部用于当地。设立地（市）村镇银行，其注册资本不得低于5000万元人民币，并按要求建立健全公司治理机制，董事中应至少有1名独立董事，董事、监事及高级管理人员任职资格条件按照农村商业银行董事、监事及高级管理人员任职资格标准执行，原则上支行应与总行同时开业，其他行政许可要求按照县（市）村镇银行组建有关要求执行。在上述地区设立地（市）贷款公司比照地（市）村镇银行办理。组建地（市）新型农村金融机构须由银监局报经银监会同意后，由银监局组织实施。已在上述地区设立新型农村金融机构的主发起人可优先在已设新型农村金融机构所属地区组建地（市）新型农村金融机构。

8. 加强对新型农村金融机构的监管

新型农村金融机构经营规模小，成立时间短，抗风险能力弱，为保证新型农村金融机构稳健发展，各银监局要根据实际，合理配置监管资源，切实采取有针对性的措施，加强对新型农村金融机构的指导、服务和监管，尤其要强化对农村资金互助社的日常指导和监管，同时对主发起人要实施并表监管，对大股东要强化责任监管，促进新型农村金融机构又好又快发展。

（三）关于调整村镇银行组建核准有关事项的通知

作为最主要的新型农村金融机构，在银监会系统全力推进下，村镇银行培育发展工作取得了积极成效，初步探索出了在金融资源供给上的“东补西”、在金融服务质量改善上的“城带乡”发展模式，有效推动了农村金融市场竞争度和市场活力建设，引导创新了农村金融商业模式和特色产品，对于建设中国特色的农村金融体系、整体提升农村金融服务水平积累了有益经验。但是在村镇银行培育发展过程中，也存在一些不容忽视的问题，比如部分主发起行在全国范围内分散发起设立村镇银行，地域跨度大、管理半径长，协调和管理成本过高，不利于村镇银行的可持续稳定健康发展。

为进一步引导和鼓励优质主发起行批量化发起设立村镇银行，实施集约化管理，提供专业化服务，有效解决村镇银行协调和管理成本高等问题，促进合理地域布局，提高组建发展质量，进一步加强和改进中西部地区和欠发达县域的农村金融服务，2011 年 7 月 25 日，银监会制定印发了《关于调整村镇银行组建核准有关事项的通知》。

1. 调整组建村镇银行的核准方式

组建村镇银行的核准方式由现行银监会负责指标管理、银监局确定主发起行和地点并具体实施准入的方式，调整为由银监会确定主发起行及其设立数量和地点，由银监局具体实施准入的方式。主要区别在于，主发起行的核准以及村镇银行组建数量和地点由银监局负责调整为银监会负责。核准方式的调整有利于遴选优质主发起行，减少组建村镇银行的协调成本，更好地实现规模化、批量化发起设立村镇银行；有利于优化村镇银行布局，加强中西部地区村镇银行的组建，更好地支持欠发达地区农村经济发展。

2. 完善村镇银行挂钩政策

村镇银行挂钩政策应继续按照“东西挂钩、城乡挂钩、发达地区与欠发达地区挂钩”的原则执行，但在地点、次序上有了相应完善：一是由以前的全国范围内点与点挂钩调整为省份与省份挂钩，并限定在东部省份与西部省份挂钩，使单个主发起行发起设立村镇银行的地域适当集中，从而避免在全国范围内零星发起、分散设立。二是明确了“先西部地区、后东部地区，先欠发达县域、后发达县域”挂钩次序原则。主要目的是引导村镇银行主发起行重点布局西部地区和中部地区欠发达县域。

3. 提高了村镇银行主发起行资质

为了规模化、批量化发起设立村镇银行，需要遴选优质主发起行。因此，银监会对主发起行资质提出了明确规定：除监管评级达二级以上（含）且满足持续审慎监管要求外，还应具备有明确的农村金融市场发展战略规划、专业的农村金融市场调查、详实的拟设村镇银行成本收益分析和风险评估、足够的合格人才储备、充分的并表管理能力及信息科技建设和管理能力、已经探索出可行有效的农村金融商业模式以及有到中西部地区发展的内在意愿和具体计划等标准。对于发起设立村镇银行动机不正、资本实力不强、风险管控能力不足、人才储备不充分以及 IT 系统支持不力的银行业金融机构，银监会不再支持其发起设立村镇银行。

4. 发起设立村镇银行的审批流程

有意发起设立村镇银行且符合条件的银行业金融机构应向银监会提出申请，并附村镇银行发展战略、跨区域发展自我评估报告、年度村镇银行发起设立规划等材料。对于实施属地监管的法人机构，应同时抄送属地银监局。属地银监局应在收到相关申请后 15 个工作日内出具意见，报送银监会。经银监会核准后，相关银行业金融机构按照有关规定，向拟设村镇银行所在地银监局、银监分局申请筹建及开业。

（四）关于鼓励和引导民间资本进入银行业的实施意见

为贯彻落实《国务院关于鼓励和引导民间投资健康发展的若干意见》（国发〔2010〕13 号），鼓励和引导民间资本进入银行业，加强对民间投资的融资支持，2012 年 5 月 26 日，银监会发布了《关于鼓励和引导民间资本进入银行业的实施意见》，涉及新型农村金融机构的内容主要有以下两个方面：

1. 支持民营企业参与村镇银行发起设立或增资扩股

村镇银行主发起行的最低持股比例由 20% 降低为 15%。村镇银行进入可持续发展阶段后，主发起行可以与其他股东按照有利于拓展特色金融服务、有利于防范金融风险、有利于完善公司治理的原则调整各自的持股比例。

2. 支持民营资本进入农村资金互助社

支持农民、农村小企业作为农村资金互助社社员，发起设立或者参与农村资金互助社增资扩股。

第三节 新型农村金融机构的发展现状

一、村镇银行进入了批量发展时期

2007 年我国村镇银行开始试点，当年开业银行数量 19 家，2008 年末村镇银行数量攀升至 91 家，2009 年底村镇银行达到 148 家，2010 年村镇银行数量为 349 家。2011 年末，全国已组建新型农村金融机构 786 家，其中村镇银行 726 家，覆盖全国 31 个省、自治区和直辖市。尽管村镇银行扩张速度较快，但距离中国银监会《新型农村金融机构 2009 年—2011 年工作安排》设立 1027 家村镇银行的目标相距甚远。

中国银监会公布的统计数据显示，自2006年底中国银监会调整放宽农村地区银行业金融机构准入政策以来，作为农村地区新型金融机构的最重要的一类机构，村镇银行经历了2007年、2008年和2009年三年的缓慢发展，在2010年之后村镇银行开始了相对明显的扩张之势。截至2012年底，经银监部门批准设立的村镇银行累计数量达到了1433家（网点数和分支机构）。自2013年始到2月7日为止，经批准设立的村镇银行数量又新增了69家。

2012年，温州金融改革试验区获国务院批复，温州地区对于参股村镇银行的热情高涨。《浙江省温州市金融综合改革试验区总体方案》中提出，鼓励和支持民间资金参与地方金融机构改革，依法发起设立或参股村镇银行、贷款公司、农村资金互助社等新型金融组织。符合条件的小额贷款公司可改制为村镇银行。

（一）村镇银行的地域数量分布特征

1. 总体设立情况

根据中国银监会编制的《新型农村金融机构2009年—2011年总体工作安排》，2009年—2011年计划在全国设立1300家左右新型农村金融机构，其中，2009年—2011年计划设立的村镇银行数量是1027家。即2009年计划设立村镇银行312家；2010年计划设立344家；2011年计划设立371家。但根据对村镇银行的数量统计来看，在2009年—2011年村镇银行的设立情况并没达到预期，2009年实际批准设立村镇银行57家（网点数91家），2010年批准设立201家（网点数277家），2011年批准设立286家（网点数455家）；三年中村镇银行的批准数量均未达到计划数量。到2013年2月7日，中国的村镇银行刚好发展整六年。根据中国银监会公布的自2007年2月8日到2013年2月7日这六年间所有获批成立的村镇银行数据显示，截至2012年底，经银监部门批准设立的村镇银行数量达到了1433家。自2013年始到2月7日为止，经批准设立的村镇银行数量又新增了69家。村镇银行发展情况按网点数统计见表2-2。

表2-2　6年村镇银行发展情况统计

年份	网点数	新增网点数	增长率（%）
2007	18	18	0
2008	96	78	433.33
2009	187	91	94.79
2010	464	277	148.13
2011	919	455	98.06
2012	1433	514	55.93
2013（2.7）	1502	69	4.82（比上年末）

资料来源：中国银监会行政许可批复

截至2012年6月末，全国已开业村镇银行资产总额3190亿元，其中贷款余额1782亿元，农户和小企业贷款余额合计占比81%。监管指标显示，村镇银行加权平均资本充足率达28.6%，不良贷款率0.2%，拨备覆盖率860.6%，贷款拨备率1.75%，流动性比例68.9%，杠杆率15.5%。

银监会披露，截至2012年6月末，在村镇银行477亿元股本构成中，民营资本直接和间接持股比例约达74%，持股金额比上年末增加82亿元，不少民营资本占主要比重的银行业金融机构成为村镇银行的主发起行。

村镇银行的发展是在社会主义新农村建设的大背景下进行的。从发起行来看，虽在具体策略上，不同主体又各有侧重，但包括大型商业银行、中型股份制商业银行、区域性商业银行、外资银行在内的四类商业银行均已参与发起设立村镇银行，其中区域性商业银行是发起设立村镇银行的主力。

农村地区旺盛的资金需求为村镇银行提供了绝佳的发展环境。从已开业村镇银行的运行状况看，绝大多数村镇银行各项业务发展较快，资产规模不断扩大，取得了较好的经营业绩。据中国行业研究院统计，截至2009年9月末，全国村镇银行存款余额157亿元，贷款余额123亿元。2009年1月—9月，村镇银行共实现盈利9092万元。以较早开业的3家村镇银行四川仪陇惠民村镇银行、甘肃庆阳瑞信村镇银行和吉林东丰诚信村镇银行为例，除四川仪陇惠民村镇银行在开业的2007年出现亏损外，2007年—2009年间，3家村镇银行都实现了盈利连续增长、商业可持续发展的目标。

目前，可以说村镇银行已遍地开花，全国范围内，除西藏尚没有村镇银行网点外，其他省份均有分布。但是，从布局来看，仍呈现出部分区域相对集中的态势，布局出现失衡。

2. 按省份设立情况

从省份来看，经过六年的发展，浙江省村镇银行数量位居全国首位，为118家，四川省、辽宁省和河南省位居其后，分别为115家和114家、112家。

除上述四个省份外，全国村镇银行数量较多的省份有江苏省，共计批准设立96家村镇银行，山东省共计92家，广西壮族自治区83家，内蒙古自治区有75家、安徽省和江西省分别为69家和62家。

上述十个省份的村镇银行数量占全国31个省、区、市村镇银行数量的62.32%，而且这些省份村镇银行数量依旧扩张明显。按省份村镇银行网点数设立情况见表2－3。

表 2－3　各省、区、直辖市村镇银行及分支机构网点数统计

排名	省（区、市）	网点数（个）	占比（%）
1	浙江	118	7.85
2	四川	115	7.65
3	辽宁	114	7.58
4	河南	112	7.45
5	江苏	96	6.39
6	山东	92	6.29
7	广西	83	5.52
8	内蒙	75	4.99
9	安徽	69	4.59
10	江西	62	4.12
11	广东	58	3.85
12	吉林	54	3.59
13	湖北	48	3.19
14	云南	45	2.99
15	湖南	40	2.66
16	黑龙江	37	2.46
17	重庆	36	2.39
18	山西	35	2.33
19	甘肃	32	2.13
20	贵州	29	1.93
21	新疆	28	1.86
22	河北	26	1.73
23	北京	17	1.13
24	上海	16	1.06
25	宁夏	15	0.99
26	福建	15	0.99
27	天津	12	0.79
28	陕西	12	0.79
29	海南	10	0.66
30	青海	1	0.06
31	西藏	0	0
合计		1502	100

资料来源：中国银监会行政许可批复

随着村镇银行设立数量的连年递增，特别是2012年以来，设置分支机构的增长较快，呈现出批量化、规模化、网络化发展。从数据对比来看，2011年批准设立的村镇银行数量为2007年的25倍多。村镇银行网点数正在逐年扩容，经营模式正在发生变化。

2012年以来，截至6月30日，全国村镇银行新增182家，其中河南22家，山东18家，浙江17家，江苏16家，广东11家、内蒙古11家、四川11家，广西8家、江西8家、辽宁8家、重庆8家。东部区域的山东省、浙江省、江苏省增幅较多。

3. 按地市设立情况

从对地级市的统计数据来看，2012年河南省信阳市村镇银行新增7家，成都市、鄂尔多斯市、桂林市、呼和浩特市、聊城市分别新增4家。事实上，在新增村镇银行数量较多的地级市中，信阳市、成都市、鄂尔多斯市、桂林市在2011年底前被银监会批准设立的村镇银行数量就相对较多。2012年上半年，这些地方的村镇银行继续快速增加。

到2013年2月7日，数据显示，在一些区域中，村镇银行的"扎堆"现象较为明显。如广西壮族自治区桂林市村镇银行数量有29家，位居其后的是四川省成都市和河南省南阳市，均为25家；江西省赣州市有22家；黑龙江省哈尔滨市有17家；内蒙古自治区鄂尔多斯市、辽宁省营口市、河南省信阳市、浙江省台州市、浙江省温州市均为16家；吉林省松原市、河南省郑州市、新疆维吾尔自治区昌吉回族自治州、四川省内江市、浙江省丽水市则均为14家。合计331家，占22.04%。全国村镇银行排名前20个地级市情况见表2-4。

再看村镇银行在市内的数量布局，以数量最多的桂林市为例，所辖的村镇银行布局，在其包含的12个县（自治县）的行政区划中，共有6个县分别各有一家村镇银行；而其他6个县均有2家以上的村镇银行，其中，临桂县、全州县、平乐县、荔浦县各有2家村镇银行，灵川县则有4家村镇银行，最多的是兴安县，共有8家村镇银行。

表2-4　2012年底全国村镇银行排名最多的20个地级市

排名	城市	数量（网点数）
1	桂林	29
2	成都	25
3	高阳	25
4	赣州	22

续表

排名	城市	数量（网点数）
5	哈尔滨	17
6	鄂尔多斯	16
7	营口	16
8	信阳	16
9	台州	16
10	温州	16
11	松原	14
12	郑州	14
13	昌吉回族自治州	14
14	内江	14
15	丽水	14
16	潍坊	13
17	宿迁	13
18	铁岭	13
19	广元	12
20	丹东	12
合计		331

资料来源：中国银监会行政许可批复

4. 按地域分布情况

在村镇银行组建之初的试点阶段，银监会曾规定，村镇银行所指农村地区，是指中西部、东北和海南省县（市）及县（市）以下地区，以及其他省（区、市）的国定贫困县和省定贫困县及县以下地区。

而今，村镇银行的区域发展是否如当初设计规划时布局一致，根据国家统计局2011年公布的《东西中部和东北地区划分方法》显示，我国的经济区域划分为东部、中部、西部和东北四大地区。

截至2012年6月30日，全国有1101家村镇银行（营业网点），如剔除部分村镇银行开立的支行数量，则实际机构法人数量为731家，另外的370家为分支机构。其中，东部省份村镇银行数量为338家，占比31%；中部地区省份村镇银行数量为263家，占比24%；西部地区村镇银行数量为342家，占比31%；东北地区村镇银行数量为158家，占比14%（这里以1101家网点为基数）。

从各个区域的具体情况来看，每个区域都有支撑这个数据的“大户”，其中，东部区域前三甲为浙江89家、江苏69家、山东59家，占整个区域的64%；中部区域前三为河南、安徽、江西，占整个区域65%；西部区域的前三则为四川、内蒙古、广西，占整个区域60%；东北地区则为辽宁，占整个区域的56%。

当然，不能单纯以数量来衡量村镇银行，但根据国务院扶贫开发领导小组办公室公布的国家级贫困县数据，再结合现今村镇银行的布局来看，真正的国家级贫困县却鲜少见到立足于服务农村的村镇银行。

2012年国家级贫困县的名单显示，各贫困县主要分布在中西部地区，其中西部省份占375个。在所有省份中，贫困县最多的是云南，有73个；其次是陕西和贵州，有50个。

但是相应省份的村镇银行网点是：云南25个、贵州18个、陕西11个。例如，云南省的73个贫困县分布在14个地级市及自治州内，但云南省25家村镇银行目前只布局在7个地级市及自治州，细致对比其数据后，不难发现，村镇银行分布在贫困县区域内的网点其实很少。

村镇银行设立之初，曾将布局区域定为“国定贫困县和省定贫困县及县以下地区”，而从目前情况来看，村镇银行要真正实现服务农村，真正做到扎根于“国定贫困县和省定贫困县及县以下地区”的农村地区，显然还有很长的一段路要走。以村镇银行为代表的新型农村金融机构更加贴近、熟悉“三农”，具有经营机制灵活、市场定位明确、适应农村经济发展需求等优势，对有效增加农村金融供给、降低农村信贷约束具有重要意义。

经过几年的探索，新型农村金融机构已呈现蓬勃发展的态势，但发展过程中暴露出的一些问题应引起高度关注。

（二）村镇银行主发起人情况

村镇银行经营服务对象，应当立足服务农村、面向“三农”，满足贫困县的金融需求。但现实是，村镇银行的区域布局与贫困县的重叠度太低。其实，这样分布不对等的情形在贫困县以外的其他地区也同样可见。由于金融业的发展离不开经济发展的基础，在经济落后的农村地区、贫困地区，银行业经营的风险更大，商业上的可持续性、盈利性差。基于盈利性目的，使村镇银行即使在农村地区也多在县城或地级市设立，选择富裕或上等收入农户和中小企业为贷款对象。村镇银行毕竟是商业化经营的金融机构，而要其承担更多的政策性的任务，显然是不合适宜的。因此，在2009年以前，四家大型商业银行和全国性股份制商业银行对设立村镇银行积极性不高。截至 2010 年 4 月设立的 172 家村镇银行中，四家大型商业银行只发起设立了 7 家，全国性股份制商业银行发起设立了 12 家。主要商业银行*不需要像城市商业银行那样借开办村镇银行获得跨区经营机会，村镇银行的投资回报也对其缺乏吸引力，并且从已经开业的主要商业银行设立的村镇银行的反馈来看，做惯了单笔贷款几百万、几千万的大银行面对县域市场几万、十几万的相对小额的贷款感觉“水土不服”。同时，大型商业银行**在 20 世纪 90 年代中后期开始大规模退出农村金融市场之后，对于重返农村金融市场一直心存戒备。

从股份制商业银行***首次发起设立村镇银行的地点和时间来看，政治表态大于商业意图，比如民生银行和浦发银行首次发起设立村镇银行的地点分别是四川彭州和四川绵阳（均为 2008 年四川地震灾区），时间也是汶川地震后的重建时期。当然，近几年股份制商业银行也开始认识到设立村镇银行对自身的积极意义。近年来各家股份制商业银行普遍加快了分支机构网络布局的速度，但开设分支行有较高的运营资本要求和严格的监管审批，这种高成本的方式仍难以满足股份制商业银行迅速扩大经营规模和网络布局的要求。相比较而言，发起设立村镇银行可以广泛吸收社会各渠道的投资资金，利用杠杆效应，从而降低其在经营网络布局中的资本投人。

村镇银行主发起人多为城市商业银行、农村商业银行、农村合作银行、农村信用社等地方中小金融机构，其中又以城市商业银行为主。作为目前村镇银行发起的主力军，城市商业银行等的战略意图明显指向了经营规模的扩大和地域范围的扩张。通过设立村镇银行，地方中小金融机构实际上获得了未来在机构数量和资产规模上快速扩张的巨大潜力和空间。

目前，商业银行在全国大中城市和传统业务领域的竞争已日趋白热化，对优质客户、优质项目资源的争夺使银行的议价能力越来越弱，收益空间正被逐步压缩。与此同时，我国县域金融市场的开发程度仍普遍不高，特别是在一些发达地区的县城和乡镇，金融服务的供给已远远落后于经济发展的需求，这为村镇银行发展提供了新的扩张空间。由于我国广大的县域地区蕴含着丰富的中小微企业资源，尤其是长三角、珠三角部分经济发达的县域，其中小微企业的数量和规模甚至超过了所在地市的中心城区。通过发起设立村镇银行，迅速切入县域金融市

---

* 主要商业银行，包括大型商业银行和股份制商业银行。

** 大型商业银行，包括中国工商银行、中国农业银行、中国银行、中国建设银行和交通银行。

*** 股份制商业银行，包括中信银行、中国光大银行、华夏银行、广发银行、平安银行、招商银行、上海浦东发展银行、兴业银行、中国民生银行、恒丰银行、浙商银行和渤海银行。

场，正好契合了各类银行机构近年来重点发展小型、微型企业客户的战略导向。

如果将发起人类型分为大型商业银行、中型股份制商业银行、地方中小金融机构及外资银行。截至2011年7月底，四类银行业金融机构作为主发起人共发起设立村镇银行490家。其中，国家开发银行和“工、农、中、建、交”六家大型商业银行发起设立38家，占比7.8%；中型股份制商业银行发起设立38家，占比7.8%；各类地方中小金融机构发起设立397家，占比81%，其中城市商业银行发起设立246家，农村商业银行发起设立85家，农村合作银行发起设立44家，农村信用社和城市信用社发起设立22家；外资银行发起设立17家，占比3.5%，见图2-1。* 从中可以看出，地方中小金融机构，特别是城市商业银行设立村镇银行的热情是最高的。

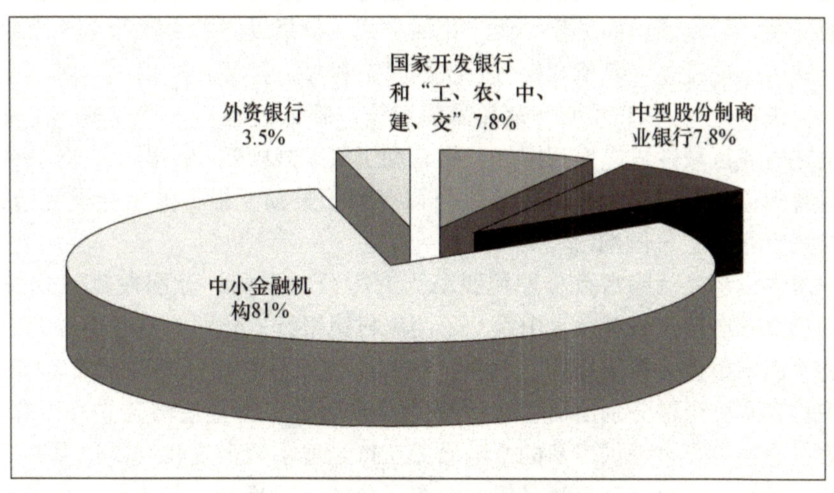

图2-1　村镇银行主发起人的分布结构

（三）村镇银行的组织模式

村镇银行设立之初为单一机构，没有分支机构，实质上这种组织模式风险更大。因此，村镇银行也应该设立分支机构，采用分支行制。目前各村镇银行分支机构设立逐步增加，特别是2012年分支机构已增至370家，应该是一个好的开端。

从主发起人对村镇银行的管理来看，在采取东西部挂钩政策之初，一个主发起行可能在遥远的两个省份设立了两家村镇银行，距离远使统一管理起来极其困难。2011年7月25日，银监会制定印发了《关于调整村镇银行组建核准有关事

---

* 文学．我国村镇银行主发起人比较分析及政策建议［J］．南方金融，2013，（5）．

项的通知》，对挂钩政策进行了调整，由以前的全国范围内点与点挂钩调整为省份与省份挂钩，并限定在东部省份与西部省份挂钩，使单个主发起行发起设立村镇银行的地域适当集中，从而避免在全国范围内零星发起、分散设立。而在2010年4月20日银监会印发了《关于加快发展新型农村金融机构有关事宜的通知》中，对设立10家（含10家）以上新型农村金融机构的主发起人，为减少管理成本，提高管理效率，允许其设立新型农村金融机构管理总部。管理总部不受地域限制，履行管理和后台服务职能，不从事金融业务。而对设立30家（含30家）以上新型农村金融机构的主发起人，允许其探索组建新型农村金融机构控股公司。允许成立村镇银行管理总部或成立村镇银行控股公司，给大银行通过批量化、集约化和品牌化方式设立和经营村镇银行提供了可行的路径。通过管理总部或控股公司，可以通过标准化、程序化的方式，批量设立数十家乃至上百家村镇银行，减少以前设立一家就要申报一次的复杂程序，并可集中培训员工，全国配置网络，进行统一的IT系统建设和品牌建设，降低组建和管理成本。主发起行建立全国性或区域性村镇银行网络，将有利于实现规模效应。因此，允许成立村镇银行管理总部或成立村镇银行控股公司有利于鼓励大银行批量开设村镇银行，构建村镇银行的“全国网”。

中国银行与淡马锡富登金融控股私人有限公司合资，分别在2011年3月4日和3月7日在湖北蕲春和京山设立了两家村镇银行，分别为蕲春中银富登村镇银行和京山中银富登村镇银行。其中，蕲春中银富登村镇银行注册资本3000万元，中行和富登金融分别出资2700万元和300万元；开业后将独立开展存、贷、汇等银行业务，通过提供丰富的金融服务支持当地小微企业和农户的发展。富登金融是新加坡主权财富基金淡马锡的全资子公司，2005年8月入股中行成为战略投资者。双方在接下来的三四个月内，又有12家合资村镇银行在湖北、山东、浙江陆续开业，并设想在未来5年内双方合作设立200至400家村镇银行，覆盖全国绝大部分省份。而其他大型商业银行和全国性股份制商业银行也都积极加快了批量设立村镇银行的步伐。民生银行2010年年初宣布今后三年将在全国设立30家村镇银行。2010年7月，浦东发展银行表示正在筹划成立村镇银行控股公司。

允许西部除省会城市外的其他地区和中部老、少、边、穷等经济欠发达地区以地（市）为单位组建总分行制的村镇银行，总行设在地（市），办理除贷款以外的经银行业监管部门批准的其他业务，支行设在地（市）辖内所有县（市）。在地市级设立的村镇银行，突破了县域范围，总行位于经济较为活跃的地市，可以吸收更大规模的资金，支行分布于辖内各县市，客户群体得到扩大，经营风险也能在更大范围内分散。在网点设立上也更加方便，比如以前，如果要在10个县设10家村镇银行，需要找10家发起行，进行10次审批。现在只要设立地市级村镇银行，然后在下属县市设10家分支机构即可，其效率大大提高。2010年12月16日，湖南湘西长行村镇银行开业，这是全国首家地市级村镇银行，湘西长行村镇银行由长沙银行发起设立，注册资本2亿元，其中民间资本投资入股0.98亿元，占比49%。该村镇银行设立后，将为辖内8个县（市、区）提供专业化的农村金融服务，其中国定贫困县7个，省定贫困县1个。同时，银监会已先后批准了10个地区先行开展地市村镇银行试点。首批地市村镇银行全部开业后，将可解决92个县（市、区）农村金融服务问题，其中国定贫困县27个，省定贫困县10个，农业种养殖大县37个。

二、贷款公司和农村资金互助社发展缓慢

相对于村镇银行的快速发展，贷款公司和农村资金互助社发展速度慢、数量少。截至到2011年末，全国共有贷款公司10家，资金合作社46家。与银监会《新型农村金融机构2009年—2011年总体工作安排》中再设立贷款公司106家、农村资金互助社161家的计划相差甚远。以至于2012年银监会年报上没有刊登年末贷款公司和农村资金互助社的数量。而且据报道，银监会也宣布暂缓审批资金互助社。

（一）贷款公司发展缓慢的原因

贷款公司由银行业金融机构作为唯一股东，其设立取决于银行业金融机构的意愿。相对于开办分支机构，贷款公司的设置过程程序繁琐；资金来源单一，难以发放大量的贷款；属于非银行业金融机构，不能吸收存款，经营模式受到限制。与村镇银行相比，贷款公司不能吸收存款，难以发展壮大。因此，境内商业银行或农村合作银行更倾向于设立村镇银行或设立分支机构，而不愿意设立贷款公司。

此外，贷款公司与小额贷款公司相比，从发起人的角度也没有优势。小额贷款公司对发起人限制少，资金来源多，审批简化，经营灵活，成为民间资本进入银行业的可行渠道，因而得到了较快的发展。

（二）农村资金互助社发展缓慢的原因

1. 社会认同度不高，影响了发展速度

与村镇银行有许多银行业金融机构热衷参与不同，农村资金互助社是农民自己的组织，没有广大农民的积极参与，农村资金互助社的建立和发展就难以实现。但长期以来，农村地区缺乏金融知识的宣传，很多人没有负债意识，不懂得在缺少资金时怎样融资，自然更不知道通过组建农村资金互助社的方式来进行资

金互助了。农村资金互助社是近几年在农村出现的新生事物，如果没有地方政府的推动，银监会制定的《农村资金互助社管理暂行规定》和《农村资金互助社示范章程》等行政规章，一般农户是很难知道和了解的。

2. 设立条件苛刻，民间资金互助社难以转正

由于现行的审批手续大都繁琐重复，能够达到批准的条件又比较苛刻，所以许多资金互助社没有拿到金融业务经营许可证，因此没有名正言顺的合法的地位。

根据《农村资金互助社管理暂行规定》，设立农村资金互助社应符合多项条件，其中“有符合任职资格的理事、经理和具备从业条件的工作人员”和“有符合要求的营业场所，安全防范设施和与业务有关的其他设施”两条最难达到。对从业人员的要求，经过培训还能够勉强达到的话，对场所设施的要求，则是许多资金互助社不能达到的。许多农村资金互助社由于开业时股本刚刚达到村级互助社开业股本 10 万元的门槛，在没有外部资源输入的情况下，筹备开业和基础设施花去了大部分股金，开业初期用于信贷的资金就所剩无几，一度陷入资金瓶颈。

3. 监管机构严格的监督管理限制了其数量上的扩张

根据《农村资金互助社管理暂行规定》，银行业监督管理机构按照审慎监管要求对农村资金互助社进行持续、动态监管。虽然监管部分只有五条，但要进行持续、动态监管，以银监会目前的力量是很难达到的。正因为如此，目前在农村资金互助社设立上是有指标控制的。

第四节　小额贷款公司的试点与规范发展

一、人民银行开展的小额贷款公司试点

2005 年 10 月，中国人民银行先后在山西、四川、贵州、内蒙古、陕西五省区各选择一个县（区）进行小额贷款公司试点，而且要求小额贷款组织的贷款业务严禁跨行政区域经营。当年末，两家私人资本投资的小额信贷组织获准在山西平遥成立并开始发放贷款。

从 2005 年 12 月至 2006 年 10 月，在试点的山西省平遥县、四川省广元市市中区、贵州省江口县、陕西省户县、内蒙古自治区鄂尔多斯市东胜区五个试点县（区）分别成立了 7 家小额贷款公司，即晋源泰小额贷款有限公司、日升隆小额

贷款有限公司、全力小额贷款有限公司、华地小额贷款股份有限公司、信昌小额贷款有限责任公司、大洋汇鑫小额贷款有限责任公司、融丰小额贷款有限公司。这些小额贷款公司实行市场化运作，自主经营、自负盈亏、依法经营，明确规定“只贷不存”。其基本原则是试点成立的小额贷款公司只能以股东合法的自有资金发放贷款，不得以任何形式吸收存款；小额贷款公司发放的贷款，要坚持立足农村、服务“三农”的原则和方向，以完善农村金融服务为目标，在具体政策和管理制度设计方面坚持商业可持续经营；力争使试点模式可复制、可推广。

小额贷款公司的出现，对缓解小额融资需求，引导民间融资具有积极意义。从更深层次上讲，小额贷款公司的诞生，表明政府对纯私人性质的金融组织持认可的态度，对民间融资和小额信贷的作用有了认同，这预示着发展小额信贷有了宽松的社会和制度环境。成立小额贷款公司必要性体现在以下几点：（1）弥补农村经济建设资金缺口，缓解农户和农村小微企业融资难题。从农村经济社会发展情况看，现有的金融机构还不能满足农村发展对资金的需求。因此，需要发展小额贷款公司，以解决农村资金不足问题。特别是农户和农村小微企业由于不完全符合银行业金融机构的贷款条件，很难从商业银行等金融机构贷款，制约了其发展。通过开展小额贷款公司试点，以短期、小额贷款的发放，破解农户和农村小微企业贷款难题。（2）完善农村金融服务体系，增加农村金融网点。随着农村经济的发展，农民对金融服务的需求大幅度增长。但是大型金融机构网点是按照盈利性标准确定是否撤并的，与城市实行的是一个标准，导致20世纪90年代以来农村网点的大幅度减少，结果是相当一部分乡镇经济的发展受到资金不足的限制。小额贷款公司试点主要面向农村地区，通过开展小额信贷业务，引导社会资金流向农村地区，缓解农村地区金融供给主体不足、竞争不充分问题，促进农业、农民和农村经济发展。满足“组织化程度低、资金需求分散”的“三农”贷款需求。（3）有利于规范民间融资行为。在农村资金紧张的情况下，民间融资比较活跃，这种民间融资有些会形成高利贷，一些企业和个人从事各种形式的非法集资和非法融资等活动，甚至出现金融诈骗，危害了金融秩序和社会稳定。通过积极推进小额贷款公司试点，使得一部分民间的融资能走上合法化轨道，从地下转到地上，然后在政府引导下规范管理，使得金融环境能够得到进一步改善。（4）有利于提高信用意识，改善农村社会信用环境。小额贷款公司的盈利主要来源于贷款业务的开展，小额贷款公司会选择信用好的客户进行合作。同时，为了使合作进一步深入，对于讲信用的客户，利率还会在规定范围内实行优惠。因此，有利于申请贷款的客户提高信用意识，重视自身信誉品牌，有利于营造良好的农村社会信用环境。首批试点小额贷款公司的基本情况见表2－5。

表 2-5　首批试点 7 家小额贷款公司的基本情况

公司名称	所在地区	成立日期	注册资本（万元）
晋源泰小额贷款有限责任公司	山西省平遥县	2005 年 12 月 27 日	1600
日升隆小额贷款有限责任公司	山西省平遥县	2005 年 12 月 27 日	1700
全力小额贷款有限公司	四川省广元市	2006 年 4 月 10 日	2000
江口华地小额贷款股份有限公司	贵州省江口县	2006 年 8 月 15 日	3000
信昌小额贷款有限责任公司	陕西省户县	2006 年 9 月 18 日	2200
大洋汇鑫小额贷款有限责任公司	陕西省户县	2006 年 9 月 18 日	2100
融丰小额贷款有限公司	内蒙古自治区鄂尔多斯市东胜区	2006 年 10 月 10 日	5000

资料来源：中国人民银行网站

二、试点小额贷款公司的制度安排

2008 年 5 月中国银行业监督管理委员会与中国人民银行发布了《关于小额贷款公司试点的指导意见》，使小额贷款公司合法化。小额贷款公司合法化之前，7 家商业化小额贷款公司进行了近三年的试点，取得了一定的成绩和经验，其制度安排体现在以下几个方面。

（一）在服务对象上以“三农”为主

主要以个体经营者、小微企业、农户贷款服务为主，小额贷款公司业务运作一定程度后对农户贷款的占比作了相关规定。内蒙古鄂尔多斯市东胜区小额贷款公司招标文件中规定，“三农”贷款比例最初不得低于 10%，第六年不低于 25%；贵州省江口县规定小额贷款公司“三农”贷款比例不得低于 30%；《平遥县开展小额信贷试点实施方案》中规定，小额贷款公司的贷款对象以“三农”为主，“三农”贷款比例不得低于 70%。

（二）规定单笔贷款最高额度

为了控制小额贷款公司风险，对单笔贷款最高额度方面进行了限制。四川广元全力小额贷款公司、贵州江口华地小额贷款公司规定单笔贷款规模不得超过全部资本金总额的 2%，内蒙古东胜融丰小额贷款公司规定单笔贷款规模不得超过全部资本金总额的5%（即最大贷款额度为250万元），山西平遥小额贷款公司规定单户贷款金额最多不得超过10万元，其中5万元以下农户贷款比例不得低于70%。

（三）经营区域的规定

经营范围原则上不允许跨县（区）经营。平遥小额信贷公司、广元全力小额贷款公司均不允许跨县（区）经营，业务只能在县域范围内开展。贵州江口和内蒙古东胜试点中允许运行3年时间后可以发展到试点县周边。

（四）贷款利率上限的规定

贷款利率由借贷双方自主协商确定，最高不得超过人民银行基准利率的4倍。

（五）建立贷款损失准备金制度

要求小额贷款公司建立贷款逾期与贷款损失准备金制度。此外，山西平遥小额贷款公司还要求设置不良贷款警戒线、实施抵押担保等措施，同时还设立了风险担保基金，以发起人自有资金的10%、委托贷款人委托资金的6%作为风险担保基金，用于委托资金和其他负债资金的担保。

三、试点小额贷款公司运作的基本特点

（一）贷款利率介于官方利率与民间利率之间

小额贷款公司在贷款利率上，高于金融机构的贷款利率，但低于民间贷款利率的平均水平。利率分布没有明显的档次特征，不过种植业贷款、养殖业贷款的利率明显低于工商业、运输业和服务业贷款利率，商业贷款利率低于工业贷款利率。和农村其他形式借贷利率比较，小额贷款公司的利率介于农村信用社贷款利率与民间借贷利率之间，高于非政府组织小额贷款的利率。

（二）贷款方式主要是信用贷款、保证贷款和抵押贷款

贷款方式上，信用贷款、保证贷款和抵押贷款是小额贷款公司的主要贷款形式。四川广元全力小额贷款公司以发放信用贷款为主，信用贷款占比高达60.7%。山西平遥日升隆小额贷款公司和贵州江口华地小额贷款公司70%以上的贷款都是担保贷款，其余主要按照信用贷款方式发放。而山西平遥晋泰源小额贷款公司发放贷款方式以抵押贷款为主，占贷款余额的70.87%。具体以哪种方式为主则取决于具体的情况，方式比较灵活。

（三）贷款对象主要是个体经营者和农户

贷款对象上，主要以个体经营者和农户作为目标主体。平遥日升隆公司种养业贷款占52.3%，平遥晋泰源公司种养业贷款占54.13%。广元全力和江口华地

两家小额信贷公司主要以个体经营者作为放款对象。广元全力公司发放的贷款中，个体经营户贷款占70%以上，直接用于种养业的贷款占全部贷款余额的比例为14.25%；江口华地的放款对象中，农村个体经营户占72.2%，其余主要为农户贷款。

（四）贷款用途多种多样，适应了农村经济的多样化发展

除了农户种植业和养殖业外，小额贷款公司的贷款用途涉及农户产品加工、农村建房及农机、农业运输、农村物流、旅游等多个领域。

（五）贷款期限以短期为主

各小额贷款公司贷款期限灵活，主要以短期贷款为主。江口华地公司的贷款主要以3个月期和6个月期的短期贷款为主，短期贷款占77.67%，其余贷款为1年期（含1年）以上贷款。广元全力公司提供了1个月、2个月、3个月、5个月、6个月和1年期的贷款，其中，1年期贷款占总贷款笔数的38%。日升隆公司3个月期贷款占到12.46%，6个月期贷款占到65.87%，1年期贷款占到21.67%。晋泰源公司贷款期限以6个月为主，占贷款余额的53.71%。

（六）单笔贷款金额差异较大

受试点地区经济发展水平的影响，各地小额贷款公司单笔业务的贷款金额差异较大。贵州江口小额贷款公司平均贷款金额在1.1万元左右，高于2万元以上的贷款业务相对较少，而山西平遥小额贷款公司的贷款金额一般在5万元左右。形成差别的原因在于，贵州江口经济相对落后，尽管江口小额贷款公司以个体经营户为主，山西平遥小额贷款公司以农户为主，但江口小额贷款公司的客户贷款规模要小得多。广元全力小额贷款公司单笔贷款主要集中在5万元及其以下，平均额度高于贵州江口华地公司。从小额贷款公司10个最大贷款客户的贷款额度比较，广元全力贷款公司的大客户贷款额度浮动较大，最高达40万元，最低6万元，10个最大客户平均贷款额度为16.2万元。山西两个小额贷款公司10个大客户最大额度都是10万元，而江口华地小额贷款公司10个大客户平均额度仅为2.83万元。

总之，从小额贷款公司的业务状况看，“只贷不存”的商业化小额贷款公司基本能够按照当初准入时的要求正常开展业务，小额贷款公司合理地找到了自身的市场空间，初步展现了商业化小额信贷运作的灵活性和适应性。

四、小额贷款公司近几年得到了快速发展

2008年5月，中国银监会、中国人民银行联合发布《关于小额贷款公司试点的指导意见》（银监发〔2008〕23号），对小额贷款公司的性质、设立、资金

来源、资金运用、监督管理和终止等事项作出了规定，小额贷款公司得到了作为监管机构的银监会的承认，虽然没有金融牌照，但也被认为是新型农村金融机构的一种类型。现在，小额贷款公司由地方政府金融办负责监管，成为地方政府监管的最主要的一类金融机构。《指导意见》出台后，将小额贷款公司试点推向了全国。小额贷款公司主要以股东资本从事小额放贷活动，一方面不可吸储而不是银行业金融机构，另一方面又主要从事放贷因而不同于一般工商企业。按照金融监管部门的解释，小额贷款公司具有如下特征：（1）小额贷款公司向民营资本开放；（2）小额贷款公司坚持“只贷不存”；（3）监管权责下放至省级地方政府。

在省级金融办、人民银行、银监会的大力推动下，民间资本投资小额贷款公司的热情日益高涨，使小额贷款公司发展极其迅速，可见长期被压抑的金融投资领域对民间资本的吸引力。2008 年 5 月以来，小额贷款公司试点发展异常迅猛。截至 2012 年底，全国共有小额贷款公司 6080 家，全年新增 1798 家，近五成小额贷款公司分布在江苏（8.0%）、安徽（7.5%）、内蒙古（7.4%）、辽宁（7.1%）、河北（5.4%）、云南（4.5%）、吉林（4.4%）和山东（4.2%）等八省区；从业人员 7.03 万人，全年新增 2.33 万人；实收资本 5146.97 亿元；贷款余额为 5921 亿元，同比增长 51.3%，高出人民币各项贷款增速 36.3 个百分点。全国 31 个省（自治区、直辖市）都已设立小额贷款公司。小额贷款公司在引导民间资本支持“三农”方面发挥了积极作用。近几年小额贷款公司数据统计报告见表 2－6。

表 2－6　小额贷款公司数据统计报告

年　份	机构数量（家）	从业人数（人）	实收资本（亿元）	贷款余额（亿元）	全年新增贷款（亿元）
2010	2614	27884	1780.93	1975	1202
2011	4282	47088	3318.66	3915	1935
2012	6080	70343	5146.97	5921	2005
2013.9.30	7398	86273	6658.95	7535	1612

资料来源：中国人民银行网站

在短短的几年时间，到 2013 年 9 月底，全国小额贷款公司已发展到 7398 家，从业人员 86273 人，实收资本总额 6658.95 亿元，贷款余额 7535 亿元。2013 年 9 月底小额贷款公司分地区情况统计见表 2－7。

表 2-7　小额贷款公司分地区情况统计表（2013-9-30）

地区名称	机构数量（家）(1)	从业人数（人）(2)	实收资本（亿元）(3)	贷款余额（亿元）(4)	平均资本（亿元/家）(5)=(3)/(1)	人均放贷额（万元/人）(6)=(4)/(2)
全国	7398	86273	6658.95	7534.50	0.9001	873.33
北京市	63	761	91.50	89.87	1.4524	1180.95
天津市	94	1290	111.37	112.14	1.1848	869.30
河北省	416	4749	244.47	259.09	0.5877	545.57
山西省	275	2778	178.74	178.95	0.6955	644.17
内蒙古自治区	473	4663	353.95	362.84	0.7483	778.13
辽宁省	508	4610	300.20	280.31	0.5909	608.05
吉林省	329	2960	93.03	69.07	0.2828	233.34
黑龙江省	247	2218	110.00	100.50	0.4453	453.11
上海市	106	1063	144.65	175.32	1.3646	1649.29
江苏省	555	5520	876.13	1127.56	1.5786	2042.68
浙江省	301	3447	624.85	862.95	2.0759	2503.48
安徽省	464	5596	326.42	358.14	0.7035	639.99
福建省	92	1201	200.88	240.44	2.1835	2002.00
江西省	210	2445	221.08	249.69	1.0528	1021.23
山东省	289	3262	321.29	376.35	1.1117	1153.74
河南省	298	4319	175.03	181.69	0.5873	420.68
湖北省	201	2560	201.18	227.36	1.0009	888.13
湖南省	108	1309	78.57	84.96	0.7275	649.05
广东省	288	6308	346.75	346.55	1.2040	549.38
广西壮族自治区	233	3146	169.79	226.17	0.7287	718.91
海南省	24	269	24.00	25.10	1.0000	933.09
重庆市	196	4059	364.39	446.86	1.8591	1100.91
四川省	277	4899	423.76	480.74	1.5298	981.30
贵州省	244	2570	71.74	66.79	0.2940	259.88
云南省	335	3132	162.81	162.64	0.4860	519.26

续表

地区名称	机构数量（家）(1)	从业人数（人）(2)	实收资本（亿元）(3)	贷款余额（亿元）(4)	平均资本（亿元/家）(5)=(3)/(1)	人均放贷额（万元/人）(6)=(4)/(2)
西藏自治区	4	35	1.80	1.63	0.4500	465.71
陕西省	200	1691	147.65	149.42	0.7383	883.62
甘肃省	256	2267	98.56	77.49	0.3850	341.82
青海省	36	429	26.56	33.56	0.7378	782.28
宁夏回族自治区	119	1480	65.66	63.11	0.5518	426.42
新疆维吾尔自治区	157	1237	102.14	117.23	0.6506	947.70

资料来源：中国人民银行网站

根据人民银行2014年1月26公布的数据显示，截至2013年末，全国共有小额贷款公司7839家，贷款余额8191亿元，全年新增贷款2268亿元。从2008年底的不到500家，到2013年底的7839家，短短5年小额贷款公司增长达15倍多。小额贷款公司从业人员9.51万，实收资本7133.39亿元。贷款余额排前三位的省份分别是：江苏1142.9亿元、浙江899.85亿元、四川520.09亿元。而数量最多的三个省份分别为：江苏、辽宁和内蒙古，分别是573家、533家、484家。

小额贷款公司机构数量及贷款余额的发展情况见图2-2。

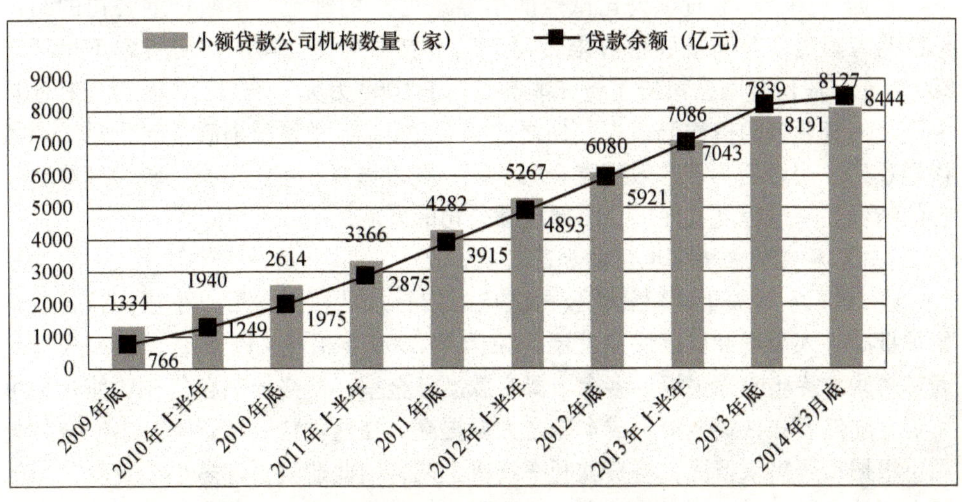

图2-2　小额贷款公司机构数量及贷款余额的发展
资料来源：中国人民银行

五、小额贷款公司发展迅速的原因分析

（一）小额贷款公司的成立为民间资本创造了进入金融业的机会

长期以来，我国对民间借贷行为采取打压的政策，后来鉴于其巨大的作用而逐渐默认，使得规模巨大的民间资本由于无法进入正规金融市场而只能通过地下金融进行交易，这在增加了借款人成本负担的同时也对金融市场秩序带来负面的影响。

随着《关于小额贷款公司试点的指导意见》的出台和小额贷款公司试点工作的推进，符合设立资格的民间资本通过申请设立小额贷款公司，按规定开展借贷业务，使得此前一直处于边缘、灰色地带的民间借贷行为纳入规范化管理，这一方面可以使民间借贷行为得到政策保障，另一方面也有利于加强监管，促进民间借贷行业的有序发展，维护金融秩序。

此外，小额贷款公司的成立为民间资本设定了转变为合法金融资本的路径。随着国家经济方式的转变以及战略层面的转型，劳动密集型产业利润空间遭到严重压缩，很多企业被迫停业，尤其是2008年金融危机后，很多出口型中小企业因为国外经济的萎缩而倒闭。短期内很多民营资本从传统产业退出后积极寻求新的出路，小额贷款公司刚好为产业资本的转型提供了机会，在一定程度上促进了小额贷款公司的发展。

（二）准入门槛低，审批容易

根据《关于小额贷款公司试点的指导意见》的规定，小额贷款公司的组织形式为有限责任公司或股份有限公司，其中有限责任公司的注册资本不得低于500万元，股份有限公司的注册资本不得低于1000万元，准入门槛相对于其他从事资金信贷业务的机构低很多，加之国家在2008年《关于小额贷款公司试点的指导意见》出台后为了有效配置金融资源、统筹城乡改革，审批上较为容易，二者的结合在一定程度上促进了小额贷款公司的发展。

（三）特定的经济环境使其加速发展

在2008年《关于小额贷款公司试点的指导意见》出台后，小额贷款公司开始被批准进入市场并得以快速发展的原因是2009年恰逢CPI高企，国家为抑制通货膨胀，逐步收缩银根，多次上调存款准备金率，严格控制存贷比，使社会可用资金陡然紧张，资金借贷成本随之大幅提高。在这种特定背景下，小额贷款公司也根据市场需求情况，将贷款利率逐级上调，因此造就了许多小额贷款公司的股东因从事资金借贷而迅速致富。受此影响，很多人认为小额贷款公司可以帮助迅速暴富，这也是小额贷款公司如雨后春笋般产生的一个不容忽视的原因。

六、小额贷款公司改制村镇银行的可行性分析

2009年6月12日中国银行业监督管理委员会颁布了《小额贷款公司改制设立村镇银行暂行规定》，该《暂行规定》是继2008年《指导意见》之后又一部关于小额贷款公司的行政规章。改制为村镇银行，可解决小额贷款公司金融机构身份、资金短缺等问题，是部分小额贷款公司发展的目标和方向，对小额贷款公司规范经营、持续稳健发展具有积极的引导和推动作用。然而，对于小额贷款公司来说，这一转制为村镇银行的方案没有多少吸引力，因此，《暂行规定》出台五年来很少听说小额贷款公司有转制为村镇银行的。

（一）改制为村镇银行的好处

银监会出台《暂行规定》就是为了引导小额贷款公司健康发展、合规经营，有效解决小额贷款公司运行中逐渐暴露出来的业务发展单一、自有资金不足、市场定位偏差、风险加大等问题。从试点小额贷款公司的情况看，经济效益好的公司普遍存在自有资金不足的问题。虽然2008年《指导意见》中提出了股东缴纳资本金、接受捐赠资金，以及来自不超过两个银行业金融机构融入资金等融资方式，但股东缴纳资本金即增加注册资本的方式不宜经常使用，接受捐赠资金的事情也很难出现，而从银行业金融机构获得融入资金的余额，有不得超过资本净额50%的规定，融资能力有限。因此，对于一个贷款业务好的小额贷款公司来说，很容易出现“无钱可贷”的局面。如果改制为村镇银行，就可以开办存款业务了，自然资金来源就有了保障，对业务的顺利发展意义重大。改制为村镇银行后，自然就有了经营中间业务的资格和条件，既可增加收入，也能为客户提供综合性的服务。

改制为村镇银行，还可解决小额贷款公司作为金融机构的身份问题。小额贷款公司是金融机构是没问题的，但它却没有银行监管部门发放的“经营金融业务许可证”，所以并没有金融机构的身份。原因是它是人民银行主导下成立的，而现在人民银行已不是银行业金融机构市场准入的监管机构了，现在的监管机构是银监会。虽然2008年银监会和人民银行联合发布了《指导意见》，承认了小额贷款公司的合法性，但要求是设立小额贷款公司，应向省级政府主管部门提出正式申请，经批准后，到当地工商行政管理部门申请办理注册登记手续并领取营业执照。此外，还应在5个工作日内向当地中国银行业监督管理委员会派出机构和中国人民银行分支机构报送相关资料。可见《指导意见》并没有向银监会提出申请，由银监会颁发“经营金融业务许可证”的相关规定，因此，小额贷款公司目前还是一般的企业，并没有金融机构的身份。将小额贷款公司改制为村镇银行

后，就有了银行业金融机构的经营许可证，也就解决了试点多年来小额贷款公司没有金融机构身份的问题。

当然，改制为村镇银行后，就有了发展壮大的可能性。村镇银行经营综合性的业务，比只经营单一贷款业务的小额贷款公司具有更大的发展空间。

（二）改制为村镇银行的不利之处

改制为村镇银行，控股权就要转让他人，小额贷款公司股东的积极性必然要受到一定影响。按照《暂行规定》要求，村镇银行设立的发起人或出资人中应至少有1家银行业金融机构，且是最大股东，最大银行业金融机构股东持股比例不得低于村镇银行股本总额的20%（后调低为15%），单个自然人股东及关联方持股比例不得超过村镇银行股本总额的10%，单一非银行金融机构或单一非金融机构企业法人及其关联方持股比例不得超过村镇银行股本总额的10%。这就意味着，小额贷款公司如果想改制为村镇银行，必须将控股权交给新引入的最大银行业金融机构股东。因此，小额贷款公司要想转为村镇银行，原来的民营企业股东和自然人股东的持股比例将大幅度下降，失去了对企业的控股权，而引进的银行业金融机构则成为最大的股东将占主导地位，这与小额贷款公司的发起者初衷相悖，有为人作嫁的感觉，自然积极性要受到一定影响。

（三）改制为村镇银行的难点

小额贷款公司改制为村镇银行的准入指标设置偏高，要满足这些条件存在一定困难。一是改制时间。《暂行规定》要求，小额贷款公司按《指导意见》新设后持续营业3年及以上，而《指导意见》是2008年5月出台的，因此，2011年5月以前，将不会有小额贷款公司转型成为村镇银行的案例。二是内控指标。按照规定，清产核资后，无亏损挂账，且最近两个会计年度连续盈利；资产风险分类准确，且不良贷款率低于2%；已足额计提呆账准备，其中贷款损失准备充足率130%以上；净资产大于实收资本。三是资产比例。规定要求，小额贷款公司资产应以贷款为主，最近四个季度末贷款余额占总资产余额的比例原则上均不低于75%，且贷款全部投放所在县域。最近四个季度末涉农贷款余额占全部贷款余额的比例均不低于60%。这就要求小额贷款公司只能经营单一的贷款品种，经营区域受限、规模受限、拓展业务受限。以上几个方面的规定，对于一个经营多年的小额贷款公司来说，特别是对那些热衷于发放中小企业贷款的小额贷款公司来说，是比较难以达到的，比新设一个村镇银行还要难。

另外，从寻找合作伙伴，也就是寻找最大银行业金融机构股东来看，难度也是挺大的。商业银行通过自有网点就可以开展小额贷款业务，要花费大量人力物力去投资一家小额贷款公司，开设一个村镇银行，也并非所愿。如果要进军农村金融市场，开设一个支行，或分理处、营业所等就可以了，没必要投资村镇银行。所以，在大型商业银行经营战略已逐步从农村向城市转移的情况下，投资村镇银行的最大银行业金融机构股东，有的是看好农村金融市场的潜力，有的则是响应中央号召支持新农村建设，当然应该也有作秀的。因此，小额贷款公司要想改制，寻找到可以合作入股的银行业金融机构也是比较难的。

（四）对小额贷款公司改制为村镇银行的建议

如果单单从设立两类新型农村金融机构的注册资本来看，小额贷款公司要高于村镇银行。根据《关于小额贷款公司试点的指导意见》，小额贷款公司的注册资本全部为实收货币资本，有限责任公司的注册资本不得低于500万元，股份有限公司的注册资本不得低于1000万元。而《村镇银行管理暂行规定》则要求，在县（市）设立的村镇银行，其注册资本不得低于300万元人民币；在乡（镇）设立的村镇银行，其注册资本不得低于100万元人民币。可见，从注册资本的角度看，小额贷款公司还高于或优于村镇银行。从实践上看，中国第一家村镇银行——四川仪陇惠民村镇银行的注册资本为200万元，而七家试点小额贷款公司开业时的注册资本最低为1600万元，最高为5000万元，都远远高于村镇银行。原因是人民银行试点时采取的是比较严格的口径，而银监会对新型农村金融机构的准入则采取了宽口径、低门槛的政策。从这一点看，把小额贷款公司改制为村镇银行，实际上是低就了。

总的来看，小额贷款公司转制为村镇银行的方案没有多少吸引力，缺乏可行性。所以，小额贷款公司不要急于向村镇银行转制，现在应致力于做大做强自己，特别是要做强、做好小额贷款业务，减少不良贷款，在现有资金水平上做好支农工作。同时，争取政策的进一步松动，以拓宽融资渠道，解决资金不足的问题。待将来向银行转制的规定改变后，允许自然人或民营企业发起设立民营的银行了，再转制为村镇银行，或直接转制为农村商业银行，毕竟我国《商业银行法》对农村商业银行的最低注册资本要求只有5000万元。

比较村镇银行等三类新型农村金融机构和小额贷款公司的发展，可以看出村镇银行和小额贷款公司发展快，前者经营规范，便于建立现代金融企业的治理结构；后者易于设立，经营灵活，所以都取得较好的发展，而贷款公司和农村资金互助社，发展情况并不乐观。尽管自试点以来，农村资金互助社数量日趋增多、规模不断扩大、发展方式也呈现多样化的趋势，但仍存在地区之间发展不平衡、社会认同度低、资金缺乏等问题，资金互助社在发育过程中存在被边缘化的现象。

第三章 新型农村金融机构可持续发展的内涵

新型农村金融机构的可持续发展既要实现机构本身的可持续发展，也要兼顾目标群体选择上的可持续性，也就是其服务应该面向农户、新型农业经营主体和农村小微企业，且要达到一定的覆盖面。

可持续发展的概念，最先是1972年在斯德哥尔摩举行的联合国人类环境讨论会上正式讨论的。这次研讨会云集了全球的工业化和发展中国家的代表，共同界定人类在缔造一个健康和富有生机的环境上所享有的权利。此后，各国致力于界定可持续发展的含意，从国际、区域、地方及特定界别的层面提出了多种可持续发展的定义。最广泛采纳的定义，是1987年由世界环境及发展委员会所发表的《我们共同的未来》中所载的定义，将既满足当代人的需求，又不对后代人满足需求的能力构成危害的发展称为可持续发展。经济社会发展，要把可持续发展作为前提，可持续长久的发展才是真正的发展。

金融领域对可持续发展问题的研究，源于对小额信贷组织可持续性的探讨。经过多年的努力，国际上的小额信贷组织在服务覆盖面和金融持续性方面，已经都有了成功的典范。我国从20世纪90年代初开始在部分贫困地区开展了小额信贷试验，并追求项目的可持续性。本世纪初，农村信用社开始发放农户小额信用贷款和农户联保贷款，标志着农村正规金融机构介入小额信贷领域。2005年以后，小额信贷进入全面发展阶段，包括新型农村金融机构、邮政储蓄银行在内的多种类型的农村金融机构进入小额信贷领域。我国研究小额信贷组织可持续性，最初主要是就两类项目而言，即由外援资金援助的小额信贷项目，以及民间机构或个人出资实施的小额信贷项目。农业银行和农村信用社发放的小额贷款，并没有纳入可持续性研究。但是，新型农村金融机构出现后，作为小型的农村金融机构，其能否可持续发展、能否持续地为三农服务引起了人们的普遍关注，对其可持续性研究就十分必要了。

第一节　可持续发展的概念及小额信贷的可持续发展

一、可持续发展的概念

（一）从不同角度的定义

可持续发展的战略思想是在传统的发展模式暴露出多方面弊端并再也难以为

继的情况下提出的。传统的发展观基本上是一种工业化发展观，表现为各国对经济高速增长目标的努力追求，认为人均的快速增长就是经济成功的标志，这种观点必然是以牺牲自然环境、过度利用资源为代价的，导致了日益严重的全球性问题，更危及了人类本身和人类后代的生存与发展。

自20世纪80年代中期以来，西方发达国家对可持续发展作出了几十种不同的定义，概括起来主要有五种类型。

从自然属性定义可持续发展。"持续性"一词首先是由生态学家提出来的，即所谓"生态持续性"，意在说明自然资源及其开发利用程序间的平衡。该定义"认为可持续发展是寻求一种最佳的生态系统以支持生态的完整性，即不超越环境系统更新能力的发展，使人类的生存环境得以持续"。这是由国际生态联合会和国际生物科学联合会在1991年11月联合举行的可持续发展专题讨论会的成果。

从社会属性定义可持续发展。1991年，由世界自然保护同盟、联合国环境规划署和世界野生生物基金会共同发表的《保护地球——可持续生存战略》中给出的定义，"认为可持续发展是在生存不超出维持生态系统涵容能力之情况下，改善人类的生活品质"。并提出人类可持续生存的九条基本原则。主要强调人类的生产方式与生活方式要与地球承载能力保持平衡，可持续发展的最终落脚点是人类社会，即改善人类的生活质量，创造美好的生活环境。

从经济属性定义可持续发展。认为可持续发展的核心是经济发展，是在"不降低环境质量和不破坏世界自然资源基础上的经济发展"，"可持续发展是今天的使用不应减少未来的实际收入"，"当发展能够保持当代人的福利增加时，也不会使后代的福利减少"。

从科技属性定义可持续发展。认为可持续发展就是要用更清洁、更有效的技术——尽量做到接近"零排放"或"密闭式"工艺方法，以保护环境质量，尽量减少能源与其他自然资源的消耗。着眼点是实施可持续发展，科技进步起着重要作用。

从伦理方面定义可持续发展，认为可持续发展的核心是目前的决策不应当损害后代人维持和改善其生活标准的能力。

（二）综合性定义

《我们共同的未来》中对"可持续发展"定义为："既满足当代人的需求，又不对后代人满足其自身需求的能力构成危害的发展。"1989年"联合国环境发展会议"专门为"可持续发展"的定义和战略通过了《关于可持续发展的声明》，认为可持续发展的定义和战略主要包括四个方面的含义：（1）走向国家和国际平等；（2）要有一种支援性的国际经济环境；（3）维护、合理使用并提高自然资源基础；（4）在发展计划和政策中纳入对环境的关注和考虑。

总之，可持续发展就是建立在社会、经济、人口、资源、环境相互协调和共同发展的基础上的一种发展，其宗旨是既能相对满足当代人的需求，又不能对后代人的发展构成危害。

二、可持续发展的内涵

持续，在现代汉语中指“延续不断”；发展则指事务由小到大、由简单到复杂、由低级到高级的变化。可持续发展的内涵有两个最基本的方面，即：发展与持续性，其中，发展是前提，是基础，持续性是关键。没有发展，也就没有必要去讨论是否可持续了；没有持续性，发展就行将终止。发展应理解为两方面：首先，它至少应含有人类社会物质财富的增长，因此经济增长是发展的基础。其次，发展作为一个国家或区域内部经济和社会制度的必经过程，它以所有人的利益增进为标准，以追求社会全面进步为最终目标。持续性也有两方面意思：首先，自然资源的存量和环境的承载能力是有限的，这种物质上的稀缺性和在经济上的稀缺性相结合，共同构成经济社会发展的限制条件。其次，在经济发展过程中，当代人不仅要考虑自身的利益，而且应该重视后代的人的利益，即要兼顾各代人的利益，要为后代发展留有余地。

可持续发展是发展与可持续的统一，两者相辅相成，互为因果。放弃发展，则无可持续可言，只顾发展而不考虑可持续，长远发展将丧失根基。可持续发展战略追求的是近期目标与长远目标、近期利益与长远利益的最佳兼顾，经济、社会、人口、资源、环境的全面协调发展。可持续发展涉及人类社会的方方面面。走可持续发展之路，意味着社会的整体变革，包括社会、经济、人口、资源、环境等诸领域在内的整体变革。发展的内涵主要是经济的发展、社会的进步。

可持续发展是一项经济和社会发展的长期战略。其主要包括资源和生态环境可持续发展、经济可持续发展和社会可持续发展三个方面。首先，可持续发展以资源的可持续利用和良好的生态环境为基础。其次，可持续发展以经济可持续发展为前提。再次，可持续发展问题的中心是人，以谋求社会的全面进步为目标。

三、中国可持续发展战略的提出

1992 年 6 月，在巴西召开的“联合国环境与发展大会”上通过了《21 世纪议程》，阐述了可持续发展的 40 个领域的问题，提出了 120 个实施项目，这是可持续发展理论走向实践的一个转折点。1994 年，中国政府为落实联合国大会决议，制定了《中国21世纪议程》，明确指出可持续发展道路是中国发展的必然选择，中国必须寻找一条既能满足当代人需求而又不对满足后代人需求的能力构成危害的可持续发展道路。主要内容包括：可持续发展总体战略与政策，社会可持续发展，经济可持续发展，资源的合理利用与环境保护等四大部分。1995年，中华人民共和国党中央、国务院把可持续发展作为国家的基本战略，号召全国人民积极参与这一伟大实践。1996年3月，全国人大八届四次会议通过的《中华人民共和国国民经济和社会发展"九五"计划和2010年远景目标纲要》，明确把"实施可持续发展，推进社会主义事业全面发展"作为我们的战略目标。

随着经济发展和社会进步，国内学者开始研究金融可持续发展问题。1998年辽宁大学白钦先教授在一次金融发展研讨会上首次提出了金融可持续发展的观念，引起了理论界热烈的讨论。他认为金融可持续发展，就是在按照金融发展的内在规律下，建立健全金融体制机制，有效地利用金融资源，进而达到经济和金融长期的有效运行和稳健发展。1999年8月，白钦先教授、孔祥毅教授等，在经济全球化与经济金融化学术研讨会上进一步阐述了经济金融化与金融全球化以及金融可持续发展等理论问题。何五星（2003）认为，金融可持续发展，是指既满足当前金融发展的需要，也满足今后金融发展的需要，具有金融发展的可持久永续性。胡章宏（1999）、冉光和（2004）提出了中国金融可持续发展战略，进行了金融产业可持续发展理论研究，丰富了金融可持续发展理论。

四、小额信贷组织的可持续性

金融领域对可持续发展问题的研究，源于对小额信贷组织可持续性的探讨。国际上小额信贷最早可追溯到20世纪60年代，当时不少发展中国家和国际组织试图为低收入阶层提供信贷服务，但在60～70年代始终没有探索到既能为穷人提供信贷服务，又能解决信贷机构自我生存的途径。不少曾经辉煌灿烂一时的项目，随着援助资金的转向而难以为继。主要原因是这些信贷机构自身无法在资金上自立，而资助者不会对无休止地援助某一组织感兴趣。虽然相当多的组织起步阶段极为繁荣，收到大量赠款以开始他们的计划，效果也极为理想，但当援助组织要求他们独立生存时，他们就难以生存了。对于财务上的不能自立，可以用简单的成本收益比较来解释，假如实施项目的操作成本约为贷款的30%，而实际只收10%的利率。如果得到的赠款或补助达不到贷款的20%，信贷机构就无法保持其总贷款规模，随着资金规模的缩减，最终将难以为继。

在20世纪70年代至80年代，一些为穷人提供小额信贷服务的项目和机构，在吸取以往教训的基础上，经过艰苦的努力和有益的探索，取得了令人鼓舞的成绩，出现了像孟加拉的“乡村银行”、印度尼西亚人民银行的农村信贷部、玻利维亚的“阳光银行”、泰国的农业和农村合作社银行，国际社区资助基金会，信贷联盟和众多的非政府组织等一批小额信贷项目，它们成功地覆盖了大量贫困客户，小额信贷机构实现逐步制度化且实现自身财务的持续发展。绝大多数的小额信贷项目不以盈利为最终目标，盈利只是实现其社会目标的一种手段：将有效的金融服务提供给尽可能多的穷人。由此可见，小额信贷的发展决定于提供服务的质量、客户贫困的程度和项目的规模。一个机构要成功地开展项目，必须在这三方面取得成功。

20 世纪 70 年代开展的小额信贷项目将重点放在如何使资金能够直接到达穷人手中，满足穷人对资金的需求，即小额信贷项目开展的第一步是试图解决穷人得不到贷款的问题，为穷人提供用于发展生产的资金同时确保高还贷率是这一阶段的中心任务。如何在实现为穷人提供贷款和保证高还贷率的同时，项目能够自我克服成本成为第二阶段的中心议题。到 80 年代末和 90 年代初，小额信贷快速发展成一种为穷人提供良好金融服务的途径。根据小额信贷先行项目走过的路程分析，可以将小额信贷的持续发展分为以下三个阶段。

第一阶段：强调为穷人提供贷款和穷人偿还能力为中心目标。如果穷人有了偿还能力，并且还贷率很高的话，就具备了一定的持续性。在小额信贷发展的第一个 10 年中，孟加拉的“乡村银行”和拉丁美洲的“行动国际”已开始先驱性的工作，发展了各种方法论以实现其还贷率持续稳定在 95% 以上。在当时银行界普遍认为穷人意味着高的贷款风险，因为穷人在高商业风险的环境中操作，他们缺乏正规金融规章制度方面的经验。穷人信贷项目的高拖欠率经常归结为天气、不完善的市场设施、经济衰退、缺乏商业机会，以及客户错误地将贷款资金用于消费活动。

成功的小额信贷项目通常表明：还贷率主要取决于借贷机构可控制的因素，例如：贷款的可靠性和服务的质量、明确的还贷预期和还贷前景、管理的有效性和与客户的密切关系等。贷款给穷人客户，选择借款人和实施及时还款是有问题的。成功的小额信贷项目必须是建立在穷人客户特征基础上的借贷技术，更依赖于借款人表明的还款意愿，而不是他们担保的资产。对于新客户，只提供小额度、低风险贷款，随着他们表明的还款能力和意愿，逐步加大贷款额度。有些项目的借款人组成 45 名成员的小组，他们有连带责任；还有项目与当地社区结合的村银行形式，其中村领导参加贷款的审批和整个过程，被聘为项目的工作人员，而客户为半自主的小组，在 3050 人之间，这些小组可交流与贷款决策相关的信息和产生还贷的社会压力。

第二阶段：以项目收入覆盖借贷成本为目标。即使通过借款人的识别和高还贷率降低了小额贷款的成本，但很小的贷款额度，成本仍显得过大。因此，若干年来主流的观点是这些成本必须得到补贴，认为小额借款人过于贫穷而无力支付高额利息。但是，对非正规借贷市场的研究证实，微型企业资金极其缺乏，能将所贷资金以极高的生产率利用，因此其常常以高得惊人的利率从“钱庄”那里借钱。项目研究也表明，微型企业能够且愿意偿付覆盖他们借贷成本的利率。到90年代中期后，所有成功的小额信贷项目实际上正在收取至少是与当地经济水平相当的同商业银行一样高的利率。而且多边或双边成立的项目机构已经接受市场利率是必要和可行的这一观点。目前，普遍的认同是完全没有补贴的利率（完全覆盖成本）要比市场利率更高些。如果小额信贷机构希望将其服务扩展到更多的潜在客户，实行没有补贴的利率是必要的。

第三阶段：以寻找商业渠道资金实现金融持续性为目标。20世纪90年代初，以发展为驱动力的小额信贷项目已初步实现运作的自立，贷款有较高的还贷率，借款人能够承受发放贷款的操作成本。这两点成就拓宽了覆盖大量穷人客户的前景，由此导致捐助机构的廉价资源对小额信贷的支持大量增加。但与此同时，明智的项目管理者也认识到，这种廉价的资源不可能持久地存在，而且最好的情况下捐助的资源也远远低于资金需求。20世纪80年代末，几个小额信贷项目开始寻找新的资金，拉丁美洲非政府组织的先行项目从商业银行找到资金，印度尼西亚的几家机构通过为穷人提供储蓄服务得到资金。短短几年的时间，这两种策略都有成功的典范。到1992年，拉丁美洲主要非政府组织的小额信贷项目中，一半以上的小额贷款资金来自商业银行贷款；玻利维亚的“阳光银行”已从金融主管部门得到执照，可以动员商业储蓄；印尼人民银行的乡村信贷部，已从大约1000万个贫困家庭动员了20亿美元储蓄，存款客户是其贷款客户的5倍。到1995年，先行机构的实践已经反驳了不能动员商业资源服务于穷人客户的传统观点。

为了吸引当地储蓄和商业银行贷款，小额信贷机构必须证明其金融行为具有稳定性，这一点在20世纪90年代中期已经实现。成功的机构投资于小额贷款的资金已是其初始资本的23倍，由此招揽了大量的存款客户。一些机构从当地金融主管部门得到经营许可证（营业执照），直接向一般公众吸收存款。

虽然在小额信贷服务的覆盖面和金融持续性方面，已经都有了成功的典范，但绝大多数的小额信贷项目仍处于发展的初始阶段。据统计，到1998年全世界有大约10000个左右的小额信贷项目中，实现运作持续性的项目不过50个左右。

面向低收入企业主提供金融服务的小额信贷机构，是拉丁美洲和加勒比金融市场中的重要组成部分，这些组织总计为该地区的150多万个微型企业主（大部分都比较贫困）提供服务。在为目标客户服务的过程中取得的成功还带来了两项重大发展：（1）商业银行逐渐意识到小额信贷可能会带来利润，并开始认真考虑进入这一市场；（2）出现了专门从事小额信贷的专业化金融机构。它们原来是非营利组织，但经过申请并获得了许可后，以接受监管的金融公司或银行的身份进行营业。由于拉丁美洲小额信贷的不断专业化和商业化，曾经一度为小型非营利组织所主导的小额信贷领域现在开始由正规金融中介所主导。

五、我国小额信贷组织的发展及其可持续性

（一）我国小额信贷组织的发展情况

我国从20世纪90年代初开始在部分贫困地区开展了小额信贷试验，目的是解决中国信贷资金扶贫工作中的一些突出问题。比较成功的项目主要有中国社科院“扶贫经济合作社”项目，联合国开发计划署的四川和云南项目，世界银行的四川阆中和陕西安康项目，陕西商洛地区政府“扶贫社”项目等。据统计，截至1996年底，这类小额贷款试点项目资金规模达到9000多万元，其扶贫成效引起了相关部门和社会的关注，导致政府和正规金融机构参与到小额信贷中来。我国政府的扶贫资金，有一半以上是以信贷资金的形式运用的，目前由中国农业银行管理，就有以小额信贷形式发放的。如陕西省丹凤“扶贫社”最初是中国社科院的小额信贷试验点，后来经办中国农业发展银行的扶贫信贷资金，1998年国家扶贫贴息贷款的职能转到中国农业银行后，扶贫社开始为农业银行代理扶贫贴息贷款，但扶贫社不是金融机构，其代理扶贫贴息贷款的合法性受到质疑。从1999年开始，把小额信贷资金由扶贫社统贷到户调整为农业银行直贷到户，扶贫社开始负责配合政府确定扶持对象，协助农业银行投放和回收贷款。自2001年以来，根据中国人民银行的有关规定，我国开始在农村信用社推广农户小额信用贷款，并辅助推广农户联保贷款。

目前，我国实施小额信贷的组织机构大体可分为四种类型：（1）由双边或多边成立专门的机构管理和操作外援资金，按照出资机构的要求和规章运作的小额信贷项目。主要有联合国开发计划署的项目、世界银行资助的项目、联合国儿童基金会的项目、澳大利亚援助青海项目、加拿大国际开发署的新疆项目等。（2）民间机构或个人出资实施的小额信贷项目。如中国社会科学院的“扶贫社”项目、香港乐施会中国发展项目。（3）政府部门成立专门机构管理和操作的扶贫贴息贷款小额信贷扶贫项目。根据扶贫开发领导小组办公室的统计，到1998年8月已经在全国22个省的605个县开展，发放贷款6亿元。到1998年底，投

入资金总计10多亿元。政府项目规模较大的省区为陕西省、云南省、四川省和广西壮族自治区等。据农行统计，到2001年底，累计扶贫到户贷款250亿元，余额240亿元，累计扶持1715万贫困农户。到2003年8月底，扶贫到户贷款余额近300亿元。(4) 金融机构直接操作的小额信贷项目。如农村信用社开展的农户小额信用贷款和农户联保贷款，据人民银行统计，到2003年6月底，全部农村信用社农户小额信用贷款和农户联保贷款余额达到了1600亿元，占农业贷款余额的23%。全国90%以上的农村信用社开办了农户小额信用贷款与农户联保贷款。近几年出现的新型农村金融机构如村镇银行、小额信贷公司等发放的农户小额贷款，以及由邮政储蓄银行开展的存单小额质押贷款也属于此类。

到目前为止，中国农村小额信贷的发展大体可分为四个阶段。第一，试点的初期阶段（1994年初至1996年10月）。在这一阶段，小额信贷试点主要是通过上述前两大类型项目来开展活动的。这一阶段的明显特征是，在资金来源方面，主要依靠国际捐助和贷款，基本上没有政府资金的介入；重点探索孟加拉乡村银行模式小额信贷项目在中国的可行性；以半官方或民间机构进行运作，并注重项目运作的规范化。第二，项目的扩展阶段（1996年10月至2000年）。在这一阶段，上述三大类型的项目并行发展。这一阶段的明显特征是，政府从资金、人力和组织方面积极推动，并借助小额信贷这一金融工具来实现扶贫攻坚的目标。与此同时，在实施前两大类型的项目时也更注意与国际规范的接轨。第三，作为正规金融机构的农村信用社，在中国人民银行的推动下，全面试行并推广小额信贷活动（2000年至2004年）。这一阶段的明显特征是农村信用社作为农村正规金融机构逐步介入和快速扩展小额信贷试验，并以农村金融主力军的身份出现在小额信贷舞台。在各有关部门的政策支持和引导下，农户小额信用贷款和农户联保贷款在全国农村信用社得到了普遍推广，农民贷款担保难问题得到了有效缓解，农户贷款面大幅度提高。第四，小额信贷全面发展阶段（2005年至今）。政府和中央银行、银监会等对小额信贷表现出比以往更大的关注。通过中央一号文件以及行政规章制度等推动多种类型的农村金融机构的设立，出现了多层次的开展小额信贷的机构。从2005年5月开始，在人民银行的推动下，商业性小额贷款公司试点工作在山西、四川、陕西、贵州和内蒙古5个省（区）开始启动。银监会于2006年末发布了《关于调整放宽农村地区银行业金融机构准入政策更好支持社会主义新农村建设的若干意见》，在农村地区新设"村镇银行"、"贷款公司"和"农村资金互助社"三类新型金融机构，成为小额信贷市场的新生力量。2007年3月20日，中国邮政储蓄银行成立，此前，邮政储蓄机构就开展了存单小额质押贷款的试验。

（二）我国小额信贷组织的可持续性

经过几年的实践，我国先行的小额信贷试点项目已经有达到操作自负盈亏的典型，例如，中国社科院“扶贫社”项目，在三个县的试点，到1997年底基层扶贫社（县、乡级）开始达到操作自负盈亏，即利息收入能覆盖运行成本。到1998年底各县操作自负盈亏比率（为利息收入除以资金成本与运行成本之和）在120%～150%之间。另外由农业银行操作的澳援青海海东项目也实现了操作的自负盈亏。这些项目都是通过实行适当的利率政策、严格控制成本、提高工作效率和保证贷款质量而实现的。

小额信贷的可持续性问题，无论从理论上还是从实践上都是一个极为重大的问题，因为它关系到小额信贷组织能否长久地发展，有没有持续扶贫的能力。我国研究小额信贷组织可持续性，最初主要是就前两类项目而言，即由双边或多边成立专门的机构管理和操作外援资金，按照出资机构的要求和规章运作的小额信贷项目，以及民间机构或个人出资实施的小额信贷项目。农业银行和农村信用社发放的小额贷款，并没有纳入可持续性研究。但是，小额贷款公司和村镇银行等三类新型农村金融机构出现后，作为小型的农村金融机构，其能否可持续发展、能否持续地为三农服务引起了人们的普遍关注。

第二节　新型农村金融机构可持续发展

一、新型农村金融机构可持续发展的含义

新型农村金融机构属于小型农村金融机构，具有特殊的区域性及为“三农”服务的要求，这种设置的初衷决定了新型农村金融机构必然具有对目标群体选择的持续性要求，因此新型农村金融机构的可持续发展既要实现机构本身的可持续发展，也要兼顾目标群体选择上的可持续性，也就是覆盖面的完成上。

新型农村金融机构贷款额度小的特性决定了其与国际上微型金融机构的类似特征，目前对微型金融的可持续发展含义主流的看法是将可持续分为两方面，即组织上的可持续和财务上的可持续 Murdoch（1997）。组织上的可持续是指信贷机构能够合法地存在并独立运作，即需要一个具有独立性和长远目标的组织机构来运作。按照这一定义，我国四类新型农村金融机构都得到了监管机构的认可，具有独立法人地位，其合法性没有问题。财务可持续是指信贷机构的收入必须要覆盖其运作成本，即不依赖外部资助就可以实现可持续发展。或者说，信贷机构

可以不依赖外界的优惠资金等条件而独立生存和长期的发展和壮大；也可理解为在没有或剔除任何补贴的前提下，信贷机构的经营收入能覆盖其成本。

新型农村金融机构的可持续发展是为了持续地为农村、农业、农民提供金融服务，在此借鉴国际上微型金融机构可持续发展的定义，认为新型农村金融机构的持续性是指新型农村金融机构在其特定的区域范围内，依托外部环境与政策，依靠自身业务的经营实现收益大于成本，实现财务可持续、企业组织可持续以及实现一定的覆盖面，达到为“三农”服务的目的。

二、新型农村金融机构可持续发展的要求

新型农村金融机构的发展有一个不可回避的任务：新型农村金融机构必须为“三农”服务，为破解城乡二元结构出力。根据《关于调整放宽农村地区银行业金融机构准入政策更好支持社会主义新农村建设的若干意见》的要求，新型农村金融机构要满足当地农户及农村经济对金融服务的需求，要结合当地经济、社会发展的实际情况，保障贷款业务辐射一定的地域和人群，并且要培育与新农村建设相适应的信贷文化。从长远来看，新型农村金融机构要实现可持续发展，就要把自身的生存与服务对象的利益置于休戚与共的关系中，也就是说，农村新型金融机构可持续发展与其覆盖面密不可分，新型农村金融机构要长久持续地为农村地区一定规模的客户提供金融服务。

在阐述新型农村金融机构可持续发展的含义中，包含在一定的外部环境下实现财务可持续、组织可持续以及足够的覆盖面。因此新型农村金融机构可持续发展包括以下几个方面：

（一）财务可持续性

财务的可持续性是指新型农村金融机构的经营收入可以覆盖其贷款损失、资金成本、财务费用等成本。财务上的持续性对新型农村金融机构的可持续发展至关重要。财务可持续是组织可持续的基础，没有财务可持续，组织的持续性无法得到稳定保证。财务可持续可以使得新型农村金融机构摆脱对补贴的依赖，增强应对外部环境变动的能力，可以保证业务开展及覆盖面的扩大。

（二）组织可持续性

组织可持续是从新型农村金融机构的组织适应能力和管理能力方面界定的。如前所述，新型农村金融机构合法地存在并独立运作是没有问题的。新型农村金融机构的组织可持续发展要求机构具有长远的发展战略及支持机构可持续发展的企业文化；具有合理的治理结构；具有一批高素质的从业人员；有合理有效的激励机制。此外，对于新型农村金融机构而言确立需求导向型的供给模式，有效提

供服务对其组织可持续发展也极为重要。

（三）目标群体选择可持续

新型农村金融机构的特殊性要求其必须为“三农”服务，支农服务应该作为其主要经营目标，否则与设立新型农村金融机构填补农村金融供给空白、提高农村地区金融业竞争的初衷相悖。新型农村金融机构只有在实现了商业可持续后才能为农户提供持续性的金融服务，新型农村金融机构的客户群也不绝对是低收入农户，还包括还款风险性低的农户或者微型小型企业等优质客户。

（四）适宜的外部环境

新型农村金融机构是全新一类金融组织，所提供的金融服务也必然具有创新性，因此不仅需要机构本身的健康运行，而且需要一个适宜的外部环境来培育机构本身及提供的金融服务，新型农村金融机构也要适应所处区域的外部环境。健康积极的外部环境对新型农村金融机构的发展至关重要。

三、新型农村金融机构可持续发展的要素

新型农村金融机构可持续发展是指其在逐渐满足促进农村经济增长和消除农村贫困对金融需求的情况下，不断提高经营水平和生存能力，实现财务可持续和组织可持续，形成稳定经营的良性循环发展模式，从而独立实现其自我发展的过程。

新型农村金融机构可持续发展的基本要素应包括：（1）发展规模。包括资产总量、负债总量、中间业务总量等方面。可持续发展必然要求总量稳健增长，没有量的积累与扩张，可持续发展是不可能的事。（2）结构优化。可持续发展必然要求结构优化，如人员结构、客户结构、信贷结构、产品结构、网点结构等。（3）质量优良。这是可持续发展的重要内涵，要走质量的发展之路。包括信贷资产质量、服务质量、管理质量、员工质量等。（4）经营效益。这是新型农村金融机构生存和可持续发展的根本保证，在持续经营期间所取得的收入能覆盖各项成本而且有收益。包括资产的创收能力、成本控制能力、整体盈利能力等。（5）风险可控。金融业面临的风险很多，若没有很强的风险控制能力，不遵纪守法、依法经营和规范操作，就不可能做到可持续经营发展。（6）创新能力。加快创新，提高创新能力，不断地满足客户的金融需求，保持同业竞争的优势，这是可持续经营发展的一项重要推动力。

新型农村金融机构的可持续发展是覆盖面与可持续性的协调，是一种平衡而不是矛盾。对新型农村金融机构的可持续评价也因此不能单纯地考核机构本身的可持续性，覆盖面的考察也就是设立新型农村金融机构的初衷的实现也非常重

要。新型农村金融机构出现前的十多年间，因农村金融服务机构大幅减少，同时由于县域经济缺乏竞争力，农村地区存款大量外流，因此导致农村信贷供给市场仅占全国金融市场信贷供给的一小部分，难以满足农村的信贷需求。新型农村金融机构能够提供大型商业银行及政策性金融机构不能提供的符合农村地区需求的金融产品及服务，在一定程度上满足了农村地区的金融需求，缓解了农村地区金融供需矛盾，是农村地区金融市场不可或缺的供给主体。因此，实现新型农村金融机构的可持续发展，有利于在农村金融市场中引入竞争机制，减轻农村信用社等传统农村金融机构的垄断性，从而促进农村金融市场的完善。

第四章　新型农村金融机构可持续发展的现状

从新型农村金融机构的覆盖面、财务指标和其他指标看，目前新型农村金融机构整体实力不断增强，财务绩效不断改善，支农能力显著提高，已经具有了一定的可持续性。

新型农村金融机构的可持续发展既要实现机构商业上的可持续，也要独立地、长期为农村提供金融服务，要实现两者相互协调统一，并不是件容易的事情。

金融可持续发展的主要内容是银行可持续发展，新型农村金融机构作为银行业金融机构的一部分，自然也是金融可持续发展的内容。银行是金融机构体系的主体，银行可持续发展是金融可持续发展的主要内容，由于银行业金融机构在金融机构中占比最大，所以银行可持续发展状况如何直接影响、决定金融是否可持续发展。而新型农村金融机构是农村地区银行业金融机构的重要构成部分，占比虽然不大，但其代表着农村金融的增量改革，因此其可持续发展仍然具有重要意义。

第一节　新型农村金融机构成为多层次、较完善的农村金融服务体系的重要组成部分

一、新型农村金融机构出现前我国农村金融服务严重不足

随着经济的发展，我国金融业发展迅速，但在新型农村金融机构出现之前，只是城市金融得以快速发展。农村地区的金融服务供给不足的状况一直没有得到缓解，甚至有愈演愈烈的状况，其发展严重落后于城市地区的金融服务状况，存在不少的困难和问题。农村地区小农经济的特性与大型的商业银行的业务特征不相适应，由信息不对称带来的高风险高成本问题很难得到解决。以农村信用社、农业银行和邮政储蓄银行为主体的农村金融机构已经不能跟上农民对金融产品需求的变化，越来越多的商业银行，主要是以农业银行为主的四家大型商业银行，为了规避风险、追求更高的利润，纷纷撤出了农村市场，致使部分农村地区出现了金融服务空白，使农村资金供给缺口更加严重。

2007 年末，全国县域金融机构的网点数为 12.4 万个，比 2004 年减少 9811

个。县域四家大型商业银行机构的网点数为2.6万个，比2004年减少6743个；金融从业人员43.8万人，比2004年减少3.8万人。其中农业银行县域网点数为1.31万个，比2004年减少3784个，占县域金融机构网点数的比重为10.6%，比2004年下降了2个百分点。在四家大型商业银行收缩县域营业网点的同时，其他县域金融机构的网点也在减少。2007年末，作为农村金融主力军的农村信用社县域网点数为5.2万个，分别比2004、2005和2006年减少9087、4351和487个。2004年—2006年，除四家大型商业银行以外的县域金融机构网点数年均下降3.7%，其中经济发达的东部地区县域金融机构网点数年均下降9.29%。

由于县域金融机构网点和从业人员的减少，县域经济获得的金融服务力度不足。县域企业金融覆盖水平近年来虽有提高，但总体水平仍然较低。截至2007年末，全国有2868个乡（镇）没有任何金融机构，约占全国乡镇总数的7%。

二、新型农村金融机构的发展提高了农村金融的覆盖率

实践表明，大型商业银行在农村地区提供金融服务不具备比较优势，其业务活动往往无法适应小农经济，也无法解决因严重的信息不对称而带来的高风险和巨额成本等问题。中国并不缺少大银行，但缺少贴近基层的中小金融机构，特别缺少根植于农村的微型金融组织。相对来说，贴近农户、符合农村基本需要的“小法人”更适合服务当地。为改善农村金融供给不足现状，完善农村金融服务体系，促进农村金融业合理竞争，满足农村金融需求，2006年12月20日银监会下发了《关于调整放宽农村地区银行业金融机构准入政策更好支持社会主义新农村建设的若干意见》，意见中提出要放宽农村地区的银行业金融机构准入政策，设立村镇银行、贷款公司、农村资金互助社等新型农村金融机构，以此来促进农村地区的金融竞争服务。2007年，银监会出台《村镇银行管理暂行办法》《贷款公司管理暂行办法》《农村资金互助社管理暂行办法》等办法，试点三类新型农村金融机构。与此同时，人民银行主导的小额贷款公司的试点也取得了显著成效。

2007年全国金融工作会议后，国务院明确把推进农村金融改革发展作为金融工作的重点，使农村金融取得长足发展，已初步形成了多层次、较完善的农村金融服务体系，覆盖面不断扩大，服务水平不断提高。2009年以来，以促进城乡基础金融服务均等化为核心，启动了全国偏远地区金融机构空白乡镇金融全覆盖工作，累计解决1249个乡镇的金融机构空白和708个乡镇的金融服务空白问题。截至2013年6月末，金融机构网点已覆盖了全部县（市）和绝大多数乡镇，金融服务已覆盖全部乡镇。

在提高农村金融覆盖率方面，稳妥培育发展村镇银行等新型农村金融机构的作用功不可没。截至2013年6月末，已组建村镇银行876家，累计向74.2万农户发放了2002亿元贷款，并开始显现“鲶鱼效应”，各类农村金融机构有序竞争、协作支农的格局初步形成。

截至2012年末，新型农村金融机构涉农贷款余额1806.1亿元，占比达到1.0%，见表4-1；县域服务网点1170个，占比达到1.0%，见表4-2；从业人员22002人，占县域银行业金融机构员工的1.7%，见表4-3。新型农村金融机构在农村金融领域已经占有一席之地，发挥着特有的支农作用，是农村金融增量改革的重要成果。农村合作金融机构和新型农村金融机构相关情况见表4-4。新型农村金融机构的出现，提高了农村金融市场的竞争程度和运行效率，填补了部分地区农村金融服务空白，对促进提升农村金融服务水平发挥了积极作用。

表4-1　涉农贷款机构投放情况

机构类型	2012年末余额（亿元）	占涉农贷款余额比重
合　计	180670.2	100%
大型商业银行	61817.4	34.2%
农村合作金融机构	53433.5	29.6%
政策性银行	30024.7	16.6%
股份制商业银行	22376.2	12.4%
城市商业银行	9334.1	5.2%
新型农村金融机构	1806.1	1.0%
邮政储蓄银行	1878.2	1.0%

资料来源：中国银监会

表4-2　县域银行业金融机构网点

机构类型	2012年末数量（个）	占县域网点总数的比重
合　计	112780	100%
农村合作金融机构	57095	50.6%
邮政储蓄银行	27888	24.7%
大型商业银行	22504	20.0%
股份制和城市商业银行	2455	2.2%
农业发展银行	1668	1.5%
新型农村金融机构	1170	1.0%

资料来源：中国银监会

表 4－3　县域银行业金融机构员工

机构类型	2012 年末数量（人）	占县域员工总数的比重
合　计	1299050	100%
农村合作金融机构	632142	48.7%
大型商业银行	392568	30.2%
邮政储蓄银行	169729	13.1%
股份制和城市商业银行	51676	4.0%
农业发展银行	30933	2.4%
新型农村金融机构	22002	1.7%

资料来源：中国银监会

表 4－4　主要涉农金融机构相关情况　　单位：家；个；人

	2012 年		
机构名称	机构数	营业性网点数	从业人员数
农村信用社 *	1927	49034	502829
农村商业银行	337	19910	220042
农村合作银行	147	5463	55822
村镇银行	800	1426	30508
贷款公司	14	14	111
农村资金互助社	49	49	421
合　计	3274	75896	809733

注：* 此处不包含农村商业银行和农村合作银行。

资料来源：中国银监会

第二节　资产规模快速增长，财务绩效不断改善

一、新型农村金融机构的资产、负债和所有者权益快速增长

从表 4－5 所显示的新型农村金融机构的主要指标，可以作出如下分析：（1）资产规模。资产规模从 2007 年的 7.6 亿元逐年增长，到 2011 年达到 2474 亿元，与 2007 年相比增长了 324.53 倍。（2）负债规模。负债规模从 2007 年的 4.6 亿元逐年增长，到 2011 年达到 2072 亿元，与 2007 年相比增长了 449.43 倍。（3）所有者权益规模。所有者权益规模从 2007 年的 3 亿元，到 2011 年达到 402 亿元，与 2007 年相比增长了 133 倍。（4）税后利润。2007 年和 2008 年没有盈利，之后，盈利能力逐年改善。2009 年盈利 1.17 亿元，2011 年盈利 26.8 亿元，

与2009年相比增长了21.91倍。（5）资本利润率从2009年的2.25%逐年提高，到2011年达到9.19%。（6）资产利润率从2009年的0.49%逐年提高，到2011年达到1.49%。

表4-5　2007年-2011年新型农村金融机构的财务状况

项　目	2007	2008	2009	2010	2011
资产（亿元）	7.6	104	378	1115	2474
负债（亿元）	4.6	72	307	934	2072
所有者权益（亿元）	3.0	33	71	181	402
税后利润（亿元）	未盈利	未盈利	1.17	7	26.8
资本利润率（%）	—	—	2.25	5.56	9.19
资产利润率（%）	—	—	0.49	0.94	1.49

资料来源：中国银监会

根据银监会的名词术语解释，农村中小金融机构包括农村合作金融机构和新型农村金融机构。农村合作金融机构包括农村信用社、农村合作银行和农村商业银行，新型农村金融机构包括村镇银行、贷款公司和农村资金互助社。比较这两类主要涉农金融机构的盈利水平，发现新型农村金融机构（这里包含邮政储蓄银行的数据，银监会目前将新型农村金融机构和邮政储蓄银行归为一类进行统计）在资产利润率上普遍低于农村合作金融机构，但在资本利润率上却高于农村合作金融机构。主要涉农金融机构盈利水平状况见表4-6。

表4-6　2007年—2012年主要涉农金融机构盈利水平状况　　单位：%

机构名称	项　目	2007年	2008年	2009年	2010年	2011年	2012年
农村商业银行	资产利润率①	0.70	0.79	0.80	1.01	1.20	1.25
	资本利润率②	12.97	13.71	13.36	13.82	15.43	15.94
农村合作银行	资产利润率	0.84	1.03	1.05	1.19	1.30	1.34
	资本利润率	13.29	15.87	15.85	16.05	17.06	16.57
农村信用社③	资产利润率	0.45	0.42	0.41	0.36	0.74	0.82
	资本利润率	10.36	9.87	9.72	8.34	15.30	16.29
新型农村金融机构和邮政储蓄银行	资产利润率				0.34	0.59	0.64
	资本利润率				16.17	20.01	18.94

注：①资产利润率（ROA）是指金融机构在一个会计年度内获得的税后利润与总资产平均余额的比率，本表采用净利润与总资产平均余额的比率计算。

②资本利润率（ROE）是指金融机构在一个会计年度内获得的税后利润与资本平均余额的比率，本表采用净利润与所有者权益平均余额的比率计算。

③此处不含农村商业银行和农村合作银行。

资料来源：中国银监会

二、新型农村金融机构主要监管指标不断改善

从总体上来看，新型农村金融机构的资本充足，资产质量较好，其他监管指标也基本符合监管要求。通过对表4－7所显示的近几年新型农村金融机构的部分监管指标的分析可以看到：（1）资本充足率较高。新型农村金融机构的资本充足。资本充足率从2007年的72.3%逐年降低，到2010年降到28.2%，2011年略有回升，回升到29.5%。当然，资本充足率高与新型农村金融机构新成立的机构多有关，因为刚刚成立，资产比较少，导致资本充足率比较高。（2）资产质量较好。不良贷款率保持在较低水平。不良贷款率由2007年的0.01%逐年提高，到2009年提高到0.22%，2010年有所下降，降到0.12%，2011年又回升到0.2%。同期，银行业金融机构不良贷款率，2010年为2.4%，2011年为1.8%，新型农村金融机构资产质量略微优于全行业水平。（3）资产负债率比较低。资产负债率是金融机构负债总额占其资产总额的百分比，该指标反映了在金融机构的全部资产中由债权人提供的资产所占比重的大小。新型农村金融机构2007年资产负债率只有60.53%，以后逐年提高，2010年为83.77%，2011年略有下降，为83.75%，几年的指标都不算高，反映了其所有者权益占比比较高，其经营是安全的。（4）存贷款比例指标偏高。存贷款比例指标2007年53%，以后逐年提高，2010年达到80%的高点，2011年降为77%，但仍高于监管机构各项贷款与各项存款之比不得超过75%的规定。然而，存贷款比例指标高于75%，应当属于新型农村金融机构发展初期特有的现象，是在存款不足的情况下，以自有资本发放贷款的结果，此时的贷款不能认为发放多了。综上，近几年新型农村金融机构的部分监管指标基本符合监管要求。

表4－7　2007年—2011年新型农村金融机构的主要监管指标

绩效指标	2007	2008	2009	2010	2011
资本充足率（%）	72.3	71.8	34.1	28.2	29.5
不良贷款率（%）	0.01	0.13	0.22	0.12	0.2
资产负债率（%）	60.53	69.23	81.22	83.77	83.75
存贷比（%）	53	54	68	80	77

资料来源：中国银监会

第三节 信贷规模快速增长，缓解了部分农户和小企业的信贷约束

一、信贷规模快速增长

伴随着新型农村金融机构数量的迅速增加，其存贷款数量也在迅速增长，对三农的支持能力明显增强。表4－8显示，新型农村金融机构的存款规模从2008年的64.6亿元逐年增长，到2011年达到1707亿元，与2008年相比增长了25.42倍。贷款规模从2008年的34.2亿元逐年增长，到2011年达到1316亿元，与2008年相比增长了37.48倍。至2013年6月，村镇银行等新型农村金融机构已累计向74.2万农户发放了2002亿元贷款。

二、对农户和农村小微企业的贷款占比较高

在各类金融机构中，新型农村金融机构的涉农贷款比例是最高的，体现了新型农村金融机构设立的初衷，即支农支小，更好地支持社会主义新农村建设。表4－8显示，截至2011年末，对农户贷款余额432亿元，对小企业贷款620亿元，当然这里的小企业是农村小微企业。2008至2011年，新型农村金融机构对农户和小企业的贷款占比均已达到80%，有的年份超过95%。截至2011年底，银行业金融机构涉农贷款余额14.6万亿元，占全部贷款的25.7%。由此可见，新型农村金融机构在支持农户和农村小微企业方面做得还是比较好的，成了服务“三农”、专业化的农村小微银行。

表4－8 2008年—2011年新型农村金融机构信贷规模和结构

年 份	2008	2009	2010	2011
存款余额（亿元）	64.6	269	752.7	1707
贷款余额（亿元）	34.2	181	600.9	1316
其中：农户贷款（亿元）	13.98	66	207.4	432
小企业贷款（亿元）	18.8	91	313.8	620
农户贷款/贷款余额（%）	40.88	36.46	34.51	32.83
小企业贷款/贷款余额（%）	54.97	50.28	52.22	47.11
（农户贷款＋小企业贷款）/贷款余额（%）	95.85	86.74	86.74	79.94

资料来源：中国银监会

第五章　新型农村金融机构发展中存在的主要问题及其原因

新型农村金融机构存在市场定位偏离三农、机构数量发展缓慢、区域分布不合理、资金来源不足、从业人员素质普遍偏低等问题，原因是其机构小导致自身具有缺陷，也与所处地区经济发展水平较低、农村金融环境差等因素有关。

以村镇银行为代表的新型农村金融机构更加贴近、熟悉“三农”，具有经营机制灵活、市场定位明确、适应农村经济发展需求等优势，对有效增加农村金融供给、降低农村信贷约束具有重要意义。经过几年的探索，新型农村金融机构已呈现蓬勃发展的态势，但其在不断发展过程中暴露出的一些问题也日益引起高度关注。

第一节　新型农村金融机构可持续发展存在的主要问题

一、目标定位与政策初衷背离，具有“离农脱农”倾向

（一）村镇银行基本上设在县城，难以对农户形成有效支持

从新型农村金融机构尤其是村镇银行设立地域分布来看，大多选择在各省辖内经济条件较好的县域，新型农村金融机构存在市场定位模糊、信贷服务偏离农村的问题。银监会调整放宽农村地区银行业金融机构准入范围的原则是“先努力解决服务空白问题，后解决竞争不充分问题”。但是，从各地实际情况看，有些新型农村金融机构特别是村镇银行，将营业网点选在比较富裕的地区，业务对象放在贷款金额比较大的小企业主及出口企业上，无意“高成本、低收益”的三农业务。这就违背了我国设立新型农村金融机构的初衷，无法有效实现为农服务的目标。

从村镇银行的名称来看，没有叫“乡镇银行”或“乡村银行”，给人的印象是，在乡镇和行政村两级中，各取一个字作为名称，而且把“村”放在“镇”前面，强调了村镇银行服务地域是农村基层。然而，村镇银行总部基本都设在了县城，有的甚至设到了地市，设在乡镇的极少。目前对村镇银行的营业地域范围，监管机构的规定是模糊的，没有强调服务基层农村。虽然 2007 年 1 月银监

会发布的《村镇银行管理暂行规定》提出，村镇银行是在农村地区设立的主要为“三农”提供金融服务的银行业金融机构，但在此后的一些文件，比如2010年4月印发的《关于加快发展新型农村金融机构有关事宜的通知》中，银监会又提出村镇银行的主要营业范围是县域。县域当然既包括县级区域内的农村，也包括县城。于是，绝大多数的村镇银行都设在了县城，呈现村镇银行“非村镇”的现象。即使最初将总部设在乡镇的银行，也在想办法进军县城。例如，我国第一家成立的村镇银行即“惠民村镇银行”，总部设在四川仪陇县的金城镇，但在2008年末，在县域成立分支机构之后，工作重心便向县城进行倾斜。

问题是，目前我国绝大部分县城中并不缺乏正规金融机构，金融市场竞争比较充分。四家大型商业银行（中国工商银行、中国农业银行、中国银行和中国建设银行）属于最早的商业银行，在竞争中按行政区划把支行设到了各个县城。交通银行是我国最早的股份制银行，最初按经济区域设置分支机构，即哪里赚钱就在哪里设，但后来随着机构扩张，也在大多数县城设立了分支机构。即使是股份制商业银行和城市商业银行，也有不少分支机构设在县城。作为传统农村金融主力军的农村信用社、农村合作银行、农村商业银行更是在各个县城都有机构。成立比较晚的邮政储蓄银行，由于是由原来的邮政储蓄机构改组而来，所以在各个县城都有网点。这些银行的市场定位高度趋同，都是面向相对较大的客户，贷大不贷小。所以，在县城，金融服务是比较充分的，不存在缺乏金融机构问题，村镇银行设在县城，对服务三农是没有太大的作用的。

在金融服务需求迫切但经济发展落后的地区，以及处于基层的乡镇引入村镇银行等金融机构的难度相对较大。显然，村镇银行及其发起人更加注重经济收益，设立银行就是为了取得收益，落后地区的经济发展环境及经营预期对其缺少应有的吸引力，导致机构设立目的与政策设计初衷之间的背离现象。国家出台的相关优惠政策是以鼓励村镇银行为三农服务为前提的，甚至设立村镇银行这类金融机构就是为了支持三农的。如果村镇银行主要的市场定在县城，从事的是和县城里的其他商业银行一样的业务，那么村镇银行也就不应该享受涉农金融机构才能享受到的政策优惠，甚至其存在的必要性都不大了。

另外，很多村镇银行在经营过程中将目光盯向贷款金额较大的工商企业，对农户尤其是贫困农户迫切的金融需求关注不足，金融服务有脱离农村、远离农民的倾向，显然也偏离了制度设计目标。村镇银行服务对象偏离农户。虽然村镇银行的设立满足了一些农户的信贷需求，但有些村镇银行追求的服务目标群体有向富裕客户和大客户转移的倾向，这与银行监管当局发起设立村镇银行的初衷不符。村镇银行很少设立在国家重点扶贫开发县内。在贷款的实际操作过程中，他们大多倾向于县域的富裕客户、种养专业大户以及规模较大的企业。截至2011年底，已开业村镇银行贷款余额1305亿元，其中农户贷款余额423亿元，小企业贷款余额611亿元，农户贷款占比为32.4%，小企业贷款占比46.8%。可见，农户贷款占比还是比较少的，而且还有越来越少的趋势。此外，新型农村金融机构对农户和小企业的贷款占比有下降趋势。

（二）小额贷款公司设在市区的比较多，真正支农的比较少

人民银行最初试点的7家小额贷款公司，基本上都是设立在县域，设置目的是解决农村金融服务不足问题，贷款对象为三农。银监会和人民银行全面推进小额贷款公司发展后，在各省份地方政府的推动下，小额贷款公司得以迅速发展。但是，各地均没有强调小额贷款公司的支农问题，以至于有的地方城市的小额贷款公司比农村的多。例如截至2012年6月末，经天津金融办批准筹建的小额贷款公司共有106家，覆盖全市16个区县和主要经济功能区；94家公司已先后获批开业运营，比上年末增加24家；注册资本金74.9亿元。其中，19家在涉农区县开业，75家在城区营业；股东数量479人，其中农户股东14人。从天津市的情况看，能支农的小额贷款公司比例较低。当然，天津作为直辖市，市区的小额贷款公司比例要高一些。

（三）农村资金互助社的贷款对象偏离农户

农村资金互助社经营目标应该是为了满足农村中低收入群体的金融服务需求，而非以盈利为目的，其贷款应该主要是贷给社员，但一些农村资金互助合作社难挡利益诱惑，经营逐渐偏离了其发展的初衷，它们将目光放在贷款金额比较大的企业，而真正需要资金的农民却无法满足生产所需。

二、机构数量发展缓慢，地区分布不合理

（一）新型农村金融机构发展未实现银监会三年计划目标

在2009年7月，中国银监会发布《新型农村金融机构2009—2011年总体工作安排》，计划到2011年底设立1294家新型农村金融机构（村镇银行1027家、贷款公司106家、农村资金互助社161家）。根据银监会公布的数据，截至2011年底，全国共发起设立691家新型农村金融机构，其中村镇银行635家，贷款公司10家，农村资金互助社46家。三年计划仅完成了45.13%。

（二）农村资金互助社和贷款公司发展相对停滞

在新型农村金融机构中，村镇银行增长较快，但农村资金互助社和贷款公司增长相对缓慢。表5-1显示，截至2012年末，全国共组建800家村镇银行，比年初增加165家，我国村镇银行设立的数量在这六年的时间里实现了41.11倍的

增长。而全国共组建49家农村资金互助社，比年初增加三家，农村资金互助社设立的数量在这六年的时间里实现了5.13倍的增长。贷款公司从2007年的四家增加到2012年的14家，与2007年相比增长了2.5倍。从增长速度来看，村镇银行的增长速度远远快于贷款公司和农村资金互助社的增长速度。在新型农村金融机构中，村镇银行数量占比高，而其他两类新型农村金融机构数量占比偏少。截至2012年末，村镇银行占新型农村金融机构的92.70%，农村资金互助社占新型农村金融机构的5.68%，贷款公司占新型农村金融机构的1.62%。

随着农村合作金融机构改制为农村商业银行，在农村金融市场上，农村正规合作金融组织形式将不复存在。虽然我国农村经济正处于城市化和市场化快速发展阶段，但小农经济还会长期存在。小农经济背景下，大力发展农村合作金融是缓解农户贷款难的有效途径，因此，应该大力发展农村合作金融，但我国真正的农村合作金融组织——农村资金互助社相对于村镇银行发展滞后和缓慢，这导致农民信贷需求得不到有效满足，严重影响了农民收入增加和农村经济发展。

表5－1　2007年—2012年新型农村金融机构设立的法人机构数量

（单位：家）

年　份	2007	2008	2009	2010	2011	2012
村镇银行	19	91	148	349	635	800
农村资金互助社	8	10	16	37	46	49
贷款公司	4	6	8	9	10	14
合计	31	107	172	395	691	863

资料来源：根据中国银行业监督管理委员会年报（2007年—2012年）整理。

（三）新型农村金融机构区域分布不合理

表5－2显示，截至2011年末，已设立新型农村金融机构总计691家，其中，东部223家，中部162家，西部201家，东北105家。这说明新型农村金融机构分布偏向东部。（1）村镇银行的区域分布。2011年年末，村镇银行数量快速增长，基本覆盖全国各省（市、区），其中东部207家，中部152家，西部182家，东北94家。但是，已经成立的635家村镇银行的地区分布不够合理，分布偏向东部地区，并且村镇银行选址多在县城，不利于改善中西部地区和东北地区欠发达县域和乡镇的农村金融服务。截至2011年年末，村镇银行设立法人机构家数最多的省份是辽宁省，法人机构个数是55家，网点机构个数是81家。除西藏没有设立村镇银行外，最少是青海省，只有1家。（2）农村资金互助社的区域分布。截至2011年末，全国有16个省市自治区设立农村资金互助社共46个。

其中，东部14家，中部8家，西部15家，东北9家。从省际分布来看，截至2011年末，设立农村资金互助社最多的是浙江省，数量是8家，其次是黑龙江省，数量是5家。山西、甘肃和吉林省都是4家。

表5-2　2011年年末新型农村金融机构地区分布（单位：家数）

地　区*	东　部	中　部	西　部	东北部	合　计
村镇银行	207	152	182	94	635
农村资金互助社	14	8	15	9	46
贷款公司	2	2	4	2	10
合计	223	162	201	105	691

资料来源：根据中国银行业监督管理委员会年报（2011）和金融许可证信息整理

银监会明确表示要按“先努力解决服务空白问题、后解决竞争不充分问题”的原则和步骤来进行试点。由此，新型农村金融机构似乎应当设立在乡镇一级，甚至行政村一级，因为村镇与县城相比，金融服务更加空白，设在乡镇一级或村级也更加靠近农户，在为农民服务时在地缘上更有优势。

何广文（2004）** 认为，中国农村金融不缺大血管，缺的是毛细血管，即能够有效在村一级、在基层提供金融服务的多元化金融机构，农村金融改革最重要的就是要制造一个很好的毛细血管系统。

三、流动性不足，盈利水平偏低

（一）存贷比偏高，反映其流动性不足

表5-3显示，新型农村金融机构的存贷比从2007年的53%逐年提高，到2010年达到80%，2011年略有降低，降到77%。资产负债率从2007年的60.53%逐年提高，到2010年达到83.77%，2011年略有降低，降到83.75%。导致其存贷比偏高的直接原因是贷款增长快于存款增长，这从新型农村金融机构几年间存贷款的规模变化可以看出来。新型农村金融机构的存款规模从2008年的64.6亿元逐年增长，到2011年达到1707亿元，与2008年相比增长了25.42倍。贷款规模从2008年的34.2亿元逐年增长，到2011年达到1316亿元，与

* 东北地区包括辽宁、吉林、黑龙江；中部地区包括安徽、河南、湖南、湖北、山西、江西；西部地区包括广西、贵州、陕西、云南、宁夏、新疆、青海、内蒙古、甘肃、重庆、四川；东部地区包括北京、天津、山东、广东、福建、上海、江苏、浙江、河北、海南。

** 何广文．中国农村金融转型与金融机构多元化［J］．中国农村观察，2004，（2）．

2008 年相比增长了 37.48 倍。可以看出，贷款规模增长远远高于存款规模的增长。

（二）盈利水平偏低

据中国银监会统计，2011 年银行业金融机构资本利润率为 19.2%，资产利润率为 1.2%。其中，商业银行的资本利润率 20.4%，资产利润率 1.28%。表 5－3显示，截至 2011 年末，新型农村金融机构的资本利润率为 9.19%，资产利润率为 1.49%。这与银行业金融机构相比，资本利润率（即权益报酬率）偏低，而资产收益率比较高。

表 5－3　2007 年—2011 年新型农村金融机构的财务绩效指标

绩效指标		2007	2008	2009	2010	2011
安全性	加权资本充足率（%）	72.3	71.8	34.1	28.2	29.5
	不良贷款率（%）	0.01	0.13	0.22	0.12	0.2
流动性	资产负债率（%）	60.53	69.23	81.22	83.77	83.75
	存贷比（%）	53	54	68	80	77
盈利性	权益报酬率（%）	—	—	2.25	5.56	9.19
	资产利润率（%）	—	—	0.49	0.94	1.49

资料来源：中国银监会

四、资金来源有限，信贷供给总量偏低

由于我国新型农村金融机构还处在发展和完善的阶段，存在知名度不高、制度设计不完善等问题，使得新型农村金融机构普遍存在资金供不应求的问题，归根结底是资金来源不足。资金来源不足，也导致了虽然现在新型农村金融机构数量比较多，但信贷总量占比不高。具体问题表现在：

（一）村镇银行资金来源不足

村镇银行的资金来源主要是吸收存款和股金，以及向商业银行融入资金。由于注册资本不能经常增加，吸收存款是其资金来源的主要渠道，也是其能否可持续发展的关键。但是，现阶段村镇银行因为缺乏公信力，农户和小企业储蓄能力差等原因，导致其吸收存款困难。

1. 社会认知度不高，吸储能力不高

从目前已设立运行的村镇银行来看，保持着以存贷业务为主的运营模式，存贷款的利差是其收入的主要来源。尽管银监会积极推动村镇银行的发展，地方政

府也大力扶持，但是对于刚进入农村市场的村镇银行来说，市场信息和管理经验不足，加之规模小，因而社会对它们的认知度仍不高。

由于村镇银行是新生事物，出现的时间较短，尽管相关主管部门、各类媒体和村镇银行自身都做了广泛而有力的宣传，但是其在社会公众中的社会公信力比传统农村金融机构（农业银行、农村信用社及邮政储蓄银行）要差，社会认知度较低。储户认为村镇银行是小机构，因而不敢把钱存入村镇银行，导致其在农村吸收存款比较困难，极大地影响了村镇银行存款总量的增长。

即使在县级政府部门的大力支持下，吸收了一部分存款，但这些存款主要是对公存款。在存款结构上，如果对公活期存款占比高，存款规模的波动性就大，不利于资金来源的稳定。

2. 营业网点设置不足，影响存款的吸收

从现阶段银行业金融机构发展来看，营业网点是金融竞争的最前沿，吸引客户的程度取决于营业网点数量，只有提供及时、快捷、多样性服务才能吸引到客户。村镇银行刚刚成立，网点不够多，大多数村镇银行只有一个网点，没有分支机构。从而导致吸收存款困难，资金来源不足。而要开设一个新的营业网点，成本费用过高，注册资本少的村镇银行无力开办。这种状况使得村镇银行可能会处于经营上的恶性循环，存款少导致贷款也少，银行效益则降低，开设新网点能力就会不足。

3. 部分农村地区人均收入少，存款能力不足

村镇银行中大部分设立在我国中西部的农村地区，这些地区的农民受到地域自然条件、经济条件、开放程度等的限制，收入水平偏低，闲置资金普遍不多，制约了村镇银行存款的增长和进一步的可持续发展。

4. 村镇银行其他外来资金渠道有限

在2010年人民银行和银监会联合印发《关于鼓励县域法人金融机构将新增存款一定比例用于当地贷款的考核办法（试行）》中规定，达标且财务健康的县域法人金融机构，可按其新增贷款的一定比例申请再贷款，并享受优惠利率。说明村镇银行也有可能得到人民银行的再贷款支持，但只能是其新增贷款的一定比例，还需达标且财务健康。这在额度和申请条件上比当年农村信用社和农业发展银行就差多了。此外，目前村镇银行进入全国同业拆借市场还受到限制，也不能通过发行金融债券融资。

（二）小额贷款公司的发展更多地受资金限制

“只贷不存”是小额贷款公司区别于其他从事贷款业务的金融机构的主要特点之一。而就是因为这种依靠“一条腿”走路的方式导致小额贷款公司先天不足，迟早要面临严重的资金不足问题。后续资金匮乏，主要是由于制度设计造成的。根据《关于小额贷款公司试点的指导意见》的规定，小额贷款公司的主要资金来源为股东缴纳的资本金、捐赠资金，以及来自不超过两个银行业金融机构的融入资金。小额贷款公司从银行业金融机构获得融入资金的余额，不得超过资本净额的50%。在这几种资金来源中，注册资本是不能经常增加的，这涉及公司的变更，比较麻烦，而且股东也不一定有钱增资。在小额贷款公司蓬勃发展的今天，捐赠资金也几乎无法获得。因此，从银行业金融机构获得融入资金成了唯一的来源。融入不超过资本净额50%的资金，数量还是有限的，在小额贷款公司所有者权益较少的情况下，融入资金根本不够用。

但实际的情况是，小额贷款公司从银行融入资金的比例远没有达到50%的水平，主要有两个方面的原因：一是由于小额贷款公司"身份不明"导致的利率分歧。小额贷款公司是工商企业，凭贷款卡从银行融入的资金在银行看来是对一般工商企业的普通贷款，要按照人民银行的基准利率计息，但在小额贷款公司看来是同业拆入资金，应该享受同业拆借利率计息。二是银行的放贷理念与小额贷款公司的经营情况存在矛盾。银行对小额贷款公司贷款要求有价值稳定的不动产抵押，而小额贷款公司缺少可用来抵押的资产。以上两点导致小额贷款公司融资显性成本和隐性成本均偏高，银行不愿放贷，小额贷款公司不愿借入。

不能吸收存款，很多小额贷款公司在发放完资本金和借入资金后，便无事可做了。从目前小额贷款公司的经营现状来看，后续资金不足成为困扰小额贷款公司发展壮大的主要制约因素。

（三）农村资金互助社资金来源不足

大部分农村资金互助社都受到了资金不足的困扰。根据银监会的规定，农村资金互助社的资金来源是吸收社员存款、接受社会捐赠资金和向其他银行业金融机构融入资金。目前这三条路都不太通畅。首先，由于农民收入水平普遍不高，加入资金互助社的目的就是为了得到贷款，这就导致其入股的金额相当有限，更没有多少人能够存款。而互助社规模小，宣传力度不够，被称为真正的合作金融组织，这倒使一些人担心它可能会不稳定，有钱不敢存。其次，社会捐赠不可能常有，也不可能哪家农村资金互助社都能遇到。最后，农村资金互助社从其他金融机构融入资金满足其资金来源是一个最简便、高效的办法，但是现阶段还很难从其他银行融入资金，商业银行在面对资金互助社的融资需求时，往往不愿意贷出。因为，处在县域的农村金融机构基本都是分支行，由于其上级行缺乏相关规定而无法向资金互助社融通资金。

五、政府政策支持力度不足

新型农村金融机构作为为弱势群体提供金融服务的制度创新，相比追逐利益最大化的商业银行，其生存发展更加的艰难，这就势必需要政府的政策支持。虽然，近年来国家财税与金融等相关部门出台了一系列针对新型农村金融机构的正向激励政策，通过定向税收减免和专项补贴等方式加大扶持力度，但只是村镇银行等三类新型农村金融机构享受到相应的财税优惠与金融扶持政策，小额贷款公司难以享受部分扶持政策。

小额贷款公司是企业法人，其缴纳税费也都参照企业法人进行。即小额贷款公司需要缴纳包括营业税、企业所得税等主体税种，同时股东还需缴纳税后利润分红的个人所得税。

从经营品种来看，小额贷款公司由于经营小额贷款业务，所以按金融保险业税目缴纳营业税。此外，还可能涉及诸如城市维护建设税、房产税、土地使用税、印花税、教育费附加等。营业税和附加高达5.5%。同时小额贷款公司还应缴纳企业所得税，适用税率25%。最后还要对股东个人拥有股权而取得的股息、红利所得，按照《个人所得税法》的规定，按“股息、红利所得”，适用20%的税率征收个人所得税。

国家对农村信用社的营业税率3%，后来村镇银行也享受了这一待遇，根据《财政部、国家税务总局关于农村金融有关税收政策的通知》（财税［2010］4号）规定：自2009年1月1日至2013年12月31日，村镇银行可享受3%的营业税优惠税率，同时享受此政策的还有农村信用社、农村资金互助社、由银行业机构全资发起设立的贷款公司、法人机构所在地在县（含县级市、区、旗）及县以下地区的农村合作银行和农村商业银行；根据《中央财政农村金融机构定向费用补贴资金管理暂行办法》（财金［2010］42号）规定：当年贷款平均余额同比增长、年末存贷比高于50%且达到银监会监管指标要求的村镇银行，按其当年贷款平均余额的2%给予补贴。但小额贷款公司均享受不到这些优惠政策，总体税负较高。

六、从业人员素质普遍偏低，经营风险难于控制

目前，各新型农村金融机构人员的业务水平和传统农村金融机构相比差异较大。从行业整体来看，新型农村金融机构从业人员整体水平偏低，高素质、复合型管理与技术人才匮乏。很多员工缺乏系统的金融专业知识和全面的业务操作技能，且必要的专业培训未能及时跟进，这对竞争力的提升与健康发展带来了较大

影响。因此，急需提高工作人员相应的金融知识水平和业务操作技能。村镇银行属于农村社区小型商业银行，规模小，应对市场风险、坏账风险及操作风险的能力相对薄弱。小额贷款公司在追求利润的过程中，可能发放高风险贷款。但是，缺乏风险管理方面的专业人员，担保机制不健全及抵御不可预测的市场变化能力弱等原因，加大了小额贷款公司风险控制难度。

在四类机构中，村镇银行的人员素质是比较高的。村镇银行的人员由两部分组成，一部分是发起行派去的金融从业人员，人数较少，充当主要管理者，具有金融专业知识和业务经验，但不一定了解农村金融环境和业务；另一部分是在当地招聘的工作人员，有从其他银行招来的，从事领导工作，具有一定的专业水平，大部分是招收的应届毕业生，由于村镇银行设立在经济比较落后的地区，机构又小，很难招聘到优秀的专业人才。这就导致村镇银行的工作人员整体素质偏低，业务经验不足，效率低下。当然，这是与传统农村金融机构相比，与其他新型农村金融机构相比，村镇银行人员素质还是比较高的。

小额贷款公司一般由民营企业和自然人投资设立，工作人员有一些是从原来从事的行业转过来的，不懂金融。当然，也能招聘部分金融专业人员，但小额贷款公司的吸引力有限，难以招聘到更多的金融人才。农村资金互助社地处乡镇或行政村，是农民互助合作的金融组织，由于机构小、收入低，不可能有多少金融专业的毕业生愿意去。

由此可见，新型农村金融机构要在与农村信用社、农业银行、邮政储蓄银行的竞争中立于不败之地，就要发挥其规模小、运行机制灵活、创新经营理念方面的优势，但这些都要有优秀的员工队伍作为支撑。要真正做到为农村金融需求主体提供全方位的服务，就需要有各个专业的人才。首先要有扎实的金融学专业知识，这是从事银行业经营的基础；其次是要有市场营销专业知识，这样才能营销金融产品；再次是要有相关的农业知识，这样一方面可以为借款人的农业生产提供技术指导，一方面也可以更好地了解信贷风险，提高贷款的还款率。

七、金融产品与金融服务单一，创新能力不足

在金融产品服务方面，由于村镇银行面向广大县域，受到区域条件和经济条件的限制，农民收入水平不高，农户和企业的闲置资金有限，客观上也阻碍了村镇银行的筹资途径。绝大多数的村镇银行以传统的信贷业务为主，理财产品、办理银行卡等业务均未涉及，类似承诺兑付、贴现、代收代付、咨询服务等中间业务也开展得相对缓慢，与商业银行相比还存在很大的差距，这都使得村镇银行难以为客户提供符合实际需求的金融服务，缺乏竞争优势。

目前新型农村金融机构业务人员仍习惯于传统的经营模式与服务思维，没有充分发挥出贴近农村、熟悉农户、决策链条短的比较优势，更未能建立起以客户“软信息”为主要内容的营销信息系统，产品单一、服务僵化，收入来源主要依赖于信贷业务，且这些信贷业务未能体现出特色化与创新性，金融服务质量和效率还不能适应农村经济发展的多元化需求。

新型农村金融机构是为了满足农村地区金融供不应求的制度创新，要更好地服务农村金融市场，就必须在贷款模式和金融产品上有所创新。对于贷款模式，主要是指贷款流程、风险控制、担保模式、还款模式等。现阶段，部分新型农村金融机构根据自身规模小，业务灵活等特点，在贷款模式上有所创新，创造了一些更加快捷高效的产品，以适合农村市场资金需求时间急、频率高、数额小的特点。但是，还有很多新型农村金融机构存在很大的不足，主要表现为：在贷款模式上，很多机构还使用传统的业务模式；在风险控制上，盲目的追求扩大信贷规模，而忽视了风险管理和防范，轻率授信；在担保方式上，主要采取实物担保、农户联保，而很少开展信用担保。在还款模式上，除少数村镇银行开展了循环贷款模式外，很多还是坚持“一次授信，一次还款”。对于金融产品创新方面，还没有根据农村金融的特点进行产品创新。现阶段，农村金融产品都只停留在存、贷、汇业务，票据承兑、贴现、同业拆借、银行卡业务、代理收付款项及代理保险业务和手机银行业务等都未开展。

八、政府监管问题突出

目前，新型农村金融机构普遍存在着运行不规范、抗风险能力差等问题，但是相关政府监管部门不能有效进行监管。一方面，新型农村金融机构大多数设立在农村地区，经营规模和业务复杂程度不同，监管起来难度大，费用高。而从目前银行业监管机构的分支机构情况来看，县域机构是最为薄弱的，监管资源相对缺乏，部分新型农村金融机构所在的县城还没有直接的银监会派出机构。另一方面，新型农村金融机构是一类独特的金融机构，与其他金融机构有着本质的区别，但面对新生事物政府监管部门缺乏可借鉴经验，容易将监管一般金融机构的制度直接应用于新型农村金融机构，这是不合适的。银监会对新型农村金融机构采取“低门槛、严监管”的模式。所谓“低门槛”就是适当降低新型农村金融机构和业务的市场准入条件，以增加农村地区金融服务的覆盖面；“严监管”即强化监管措施，但由于缺乏监管经验和监管力量不足，导致“严监管”的目标很难实现。

小额贷款公司的监管不属于银监会，而是地方政府的金融办，由于其监管能力不足，其监管效果与更为专业的银监会派出机构相比，还存在较大的差距。对于小额贷款公司发放高风险贷款、利率过高等问题，目前还有监管不到位的现象。

第二节　制约新型农村金融机构可持续发展的深层次原因分析

通过分析新型农村金融机构可持续发展存在的主要问题，可以发现新型农村金融机构的单体规模偏小，布局分散，业务和服务单一，因此导致规模不经济和范围不经济。以下将对制约新型农村金融机构可持续发展的深层次原因进行分析：

一、外部原因

（一）经济发展水平和农村市场化程度因素

新型农村金融机构为农村地区提供资金支持，资金的高效利用可以创造更多的价值，进而实现增收促进发展的目的，因此，提高资金使用效率是新型农村金融机构可持续发展的基本要求，而区域经济发展水平和农村市场化程度直接影响了资金的使用效率。

我国区域经济发展水平差异明显，农村地区市场化程度各异，资金使用效率也各异。经济发展水平高，市场发育程度高的地区，非农就业或者发展非农经济的机会多，可以吸引更多的投资与技术支持，也会促进非农就业与非农经济的发展。在这些地区，新型农村金融机构发展的外围环境较好，资金利用效率高，有益于新型农村金融机构的可持续发展。相应的，区域经济发展水平较低、农村市场化程度低的地区资金使用效率低，贷款风险高，资金回收率低，制约了新型农村金融机构的可持续发展。

（二）农村竞争环境因素

根据微观经济学，垄断是低效率的，竞争厂商根据价格等于边际成本来提供产品，而垄断厂商根据价格等于边际成本加成来提供产品。由于垄断厂商按照比均衡价格高的垄断价格提供产品，造成生产者剩余和消费者剩余的变化，通过比较分析垄断厂商生产者剩余和消费者剩余的变化确定了垄断的额外净损失。

厂商利润的变化，即生产者剩余的变化，度量的是工厂所有者在垄断条件下为获得较高的价格所愿意付出的代价；而消费者剩余的变化度量的是，因支付这个较高的价格而必须给予消费者的补偿。因此，这两个数字的变化就是对垄断的净收益或净成本的合理测度。

农村地区垄断严重的农村信用社按照国家优惠政策提供涉农贷款，造成一种提供非垄断产品的假象，但是这种供需不匹配的现状是没有根本改变的，农村信用社一枝独大的特点决定了必定存在额外净损失，农村信用社提供的产品价格较低，导致需求大于供给，因此会导致寻租现象的产生，从信用社贷款需要找熟人、工作人员拿回扣等现象有力地说明了这一现象的存在。农村竞争环境的差异对新型农村金融机构的可持续发展起到非常重要的影响，竞争环境较好、垄断不严重的地区新型农村金融机构发展外部氛围好，易于开展工作，有利于其可持续发展。

（三）政策支持和相关配套改革因素

对新型农村金融机构的政策扶持力度不够，相关配套改革滞后是导致新型农村金融机构发展缓慢和经营绩效不佳的重要原因之一。

1. 政策扶持力度不够

（1）财税政策扶持力度不够。新型农村金融机构对农户的信贷服务具有较强的政策性和普惠性，因此应该在其设立和发展初期提供财政补贴和资金支持，执行更加优惠的税收政策。虽然，财政部和国家税务总局先后出台一系列扶持新型农村金融机构发展的财税政策，也取得一定成效，但总体而言，对新型农村金融机构开展涉农信贷业务的财税政策扶持的广度和深度都不够。如2010年5月财政部、国家税务总局出台的《关于农村金融有关税收政策的通知》（财税［2010］4号），明确规定自2009年1月1日至2013年12月31日，新型农村金融机构和农村信用社、法人机构所在地在县（含县级市、区、旗）及县以下地区的农村合作银行和农村商业银行的金融保险业收入减按3%的税率征收营业税。对金融机构农户小额贷款的利息收入免征营业税，这里的小额贷款，是指单笔且该户贷款余额总额在5万元以下（含5万元）的贷款。对金融机构农户小额贷款的利息收入在计算应纳税所得额时，按90%计入收入总额。这些税收优惠政策，比起2003年农村信用社改革时的优惠力度不够，当时规定，从2003年1月1日起至2005年底，对中西部地区试点的农村信用社一律暂免征收企业所得税；对其他地区试点的农村信用社，一律按其应纳税额减半征收企业所得税。

（2）货币金融政策扶持力度不够。现阶段，农村资金互助社暂不向中国人民银行交存存款准备金。村镇银行应按照中国人民银行存款准备金的管理规定，及时向中国人民银行当地分支机构交存存款准备金，村镇银行的存款准备金率比照当地农村信用社执行。可见，在存款准备金管理上，对农村资金互助社和村镇银行还是比较优惠的，但村镇银行作为比农村信用社更小的农村金融机构，执行的存款准备金率水平还可以进一步降低。

对新型农村金融机构发放支农再贷款的扶持力度不够。当前，村镇银行已经纳入了支农再贷款的支持范围。农村资金互助社作为社区互助性银行业金融机构不能获得中国人民银行的支农再贷款支持。当然，贷款公司、小额贷款公司也没有得到支农再贷款的支持。支农再贷款是指中国人民银行对各类农村金融机构发放的贷款，当然以前主要发放给农村信用社。自 1999 年开办这项业务以来，支农再贷款对引导信贷资金投向、扩大“三农”信贷投放发挥了重要作用，对支持农村信用社改善支农金融服务、缓解农民贷款难起到了重要作用，也收到了良好的政策效果。2003 年对农村信用社改革的资金扶持政策中，就有专项再贷款的规定，其贷款利率按金融机构准备金存款利率减半确定，期限根据试点地区的情况，可分为三年、五年和八年，力度是很大的。支农再贷款利率低于普通流动资金再贷款利率，体现了对农村金融机构增强资金实力的政策扶持。而目前支农再贷款还没有惠及贷款公司、小额贷款公司和农村资金互助社。

此外，新型农村金融机构的支付结算渠道不畅。目前，全国大部分村镇银行未进入全国支付清算系统，不具备开具票据、银行汇兑、发行银行卡等基本功能，通存通兑、同业拆借也无法实现，不能异地存取款，对外出务工人员非常不方便。因此，导致村镇银行吸收存款的能力较弱。一些村镇银行没有接入中国人民银行的征信系统。由于没有接入中国人民银行的征信系统，村镇银行不能查询中国人民银行征信系统数据库中企业和个人的信用记录，在一定程度上限制了其贷款的投放，承受的信贷风险变大。

2. 相关配套改革滞后

首先，利率市场化改革滞后，制约了新型农村金融机构的发展。虽然 2013 年贷款利率已经全部放开，但存款利率并没有进行市场化改革，存款利率管制是导致新型农村金融机构吸收存款难的重要原因。新型农村金融机构的存款利率与农村信用社等农村金融机构利率水平相差不大，吸收存款没有价格优势。

其次，农村市场信用体系建设比较滞后。与城市信用体系建设相比，农村地区的信用体系建设稍慢，不利于新型农村金融机构共享农村地区信用状况，增加了发放贷款的信用风险和道德风险。另外，广大农民群众由于文化知识水平普遍较低，对信用体系建设的重要性认识不够，延缓了信用体系的建设。

最后，政策性农业保险制度还没有健全。虽然近几年我国农业保险得到了迅速发展，但在政策性农业保险公司的成立上还不够，很多地方是由商业保险公司办农业保险，影响了农业保险的普及和保险基金的积累。在农户和其他新型农业经营主体没有参保时，新型农村金融机构贷款的安全性就会降低。

（四）农村文化环境因素

文化具有凝聚、整合、同化、规范社会群体行为和心理的功能，是其他社会要素无法替代的。文化是培育共同利益或者是通过共同利益的培育而创造出来的一种强调价值的状态，不同文化制度对投资者的决策具有深远的影响。农村文化作为文化的重要组成部分，是广大农民生产生活实践中创造发展而来的，对农村社会经济及农民思想行为具有巨大影响。我国文化差异明显，全面了解新型农村金融机构所处地区文化特点，对于促进新型农村金融机构的可持续发展具有基础性作用。

二、内部原因

（一）制度因素

首先，新型农村金融机构市场准入门槛过低，注册资本少。较低的准入门槛，有利于更多新型农村金融机构的设立，但是，反过来过低的注册资本，又将会导致新型农村金融机构出现资金不足，抵御和防范金融风险的能力较差，给农村金融市场带来较大的风险隐患。在银监会允许设立的三类机构中，村镇银行最低注册资本是最高的，在县（市）设立的，要求注册资本不低于300万元人民币；在乡（镇）设立的，要求注册资本不低于100万元人民币。农村资金互助社是最低的，其中，在乡（镇）设立的，要求注册资本不低于30万元人民币；在行政村设立的，要求注册资本不低于10万元人民币。贷款公司的最低注册资本也比较低，注册资本要求不低于50万元人民币。所以，提高准入门槛，可以增强农村金融机构抗风险的能力。

其次，新型农村金融机构内部控制监督不严。由于新型农村金融机构刚成立几年，机构规模有限，各机构为了节约经营成本，在组织机构设立上并没有将股东会、董事会和监事会三类机构设全，因而缺乏有效的制衡机制，特别是缺乏监督机制，容易引发内部人控制问题。

（二）企业文化因素

任何金融机构的发展都离不开获得客户的信任，而取得客户信任最方便且持久的方法就是构筑企业文化。新型农村金融机构应立足于服务农村的宗旨，利用其小额信贷技术为客户服务，在进行放贷的同时让客户熟知其机构宗旨，稳定客户。同时，也应注意加强对员工的培训，使员工接受本机构的理念，增加其使命感和荣誉感。

目前，新型农村金融机构都成立不久，缺乏品牌，尤其是村镇银行，需要吸收公众存款，由于缺乏一定的信用及口碑积累，在与农村信用社等其他老牌县域金融机构的竞争中处于不利地位。因此，建立企业文化，取信于民，发挥品牌效应极为重要。

（三）吸收存款与融资渠道因素

新型农村金融机构吸收存款难、融资渠道狭窄，导致其流动性不足，存贷比偏高，同时也抑制了其贷款业务的开展，从而导致其经营绩效不理想。

1. 村镇银行和农村资金互助社吸收存款难

首先，公众认知度不高影响存款的吸收。村镇银行是新生事物，成立时间较短，资产规模小，资金实力单薄；受成本费用控制的制约，经营网点少，网点覆盖率不足；业务简单，宣传力度不够，品牌影响力有限，社会公众对其认知度和信任度较低。农村资金互助社成立较晚，农户对农村资金互助社的认知程度比较低，而宣传认知和信用建立需要一个过程。由于认知度低，在存在多个金融机构的情况下，人们自然会将钱存到传统的金融机构。其次，经济发展水平和制度规定的限制。村镇银行设在县城，吸收存款本身就要受到农村居民和农村小微企业闲置资金较少的客观限制。《农村资金互助社管理暂行规定》要求“农村资金互助社不得向非社员吸收存款”，将存款客户限制在本村入股社员范围内。由于农村资金互助社的制度安排决定了只能吸收社员存款，社员的存款又受当地农村经济发展程度不高和农民收入水平低等的影响，这就决定了其存款来源不足，难以满足社员的贷款需求。再次，没有建立存款保险制度。农民、县域居民和企业对新型农村金融机构的认知程度比较低，农村信用社、中国邮政储蓄银行和中国农业银行事实上都是以国家信用作隐性担保来开展业务的，农村居民存钱还是偏好农村信用社、邮政储蓄银行和农业银行等机构，甚至有居民担心万一新型农村金融机构破产了，存进去的钱存在安全性问题，这反映我国由于没有建立存款保险制度，影响了新型农村金融机构吸收存款的能力。

2. 融资渠道狭窄

第一，村镇银行融资渠道狭窄。目前，村镇银行不能发行金融债券，排除了村镇银行通过发行债券、票据等方式进行融资的可能。村镇银行可以从事拆借业务，但是不能进入全国银行间市场拆借，只能向当地金融机构拆借资金。第二，农村资金互助社融资渠道狭窄。农村资金互助社的资金来源有四个渠道：一是股金，二是吸收社员存款，三是向其他银行业金融机构融入资金，四是接受社会捐赠资金，但目前这四条渠道都不太顺畅。农村资金互助社的股金增长非常缓慢。一方面，农民入股主要为获得贷款，当农村互助社不能满足农民贷款需求时，农民便不愿入股。另一方面，农村资金互助社分红率极低。农民入股后在短期内很难借到贷款，也无法享受到分红的收益，农民入股的积极性不高，股金增长比较缓慢。第三，新型农村金融机构缺乏外部融资制度支持。《中国农村金融服务报告2010》指出，农村金融市场“批发+零售”的资金融通渠道有待发展，大型商业银行或政策性银行与农村金融机构的合作联通机制尚未建立。保险资金等社会资金也缺乏进入新型农村金融机构的渠道和政策。

（四）金融服务与管理因素

一是利率定价能力不足。国际成功的经验以及从可持续发展的理论基础中，可以看出利率水平是制约可持续发展的关键因素，利率太低会影响机构的经营可持续，利率太高可能会导致客户的流失。但是受市场及管理能力的制约，现有的新型农村金融机构没有根据机构的运作成本及客户个体的信用状况来确定利率的能力。

二是产品创新能力不足。农村金融市场主体的多样性决定了需求的多层次性，作为农村经济活动的主体，农户、新型农业经营主体和农村企业是农村金融需求的三大主体，鉴于三大主体经济活动内容和规模不同，其金融需求表现出多层次的特征。根据农户的金融需求特征，农户可以分为贫困农户、传统种养业农户和市场型农户；新型农业经营主体包括种养大户、农民专业合作社和家庭农场；农村企业也可以简单划分为微型企业、小型企业和规模企业。不同的需求主体具有不同的资金需求，新型农村金融机构要根据它们各自的特征开发适宜的金融产品。显然，目前有针对性的产品创新不足。

三是产品管理能力不足。农村金融市场存在信息不对称情况，新型农村金融机构新进入市场，对市场和客户的初始调查成本比较高，各项内控制度、贷款管理办法还处于摸索和制定过程之中。部分村镇银行的主发起人来自外地，在当地缺乏人缘、地缘，主发起人所在地的金融服务与产品与村镇银行所在地也存在一定的差异，需要一定的磨合过程。另外，业务人员对金融、法律、财务等相关知识掌握不够，对小额贷款产品业务运作和风险控制还比较陌生。

（五）人才因素

从整个行业来看，新型农村金融机构的从业人员素质整体偏低。由于新型农村金融机构设立在经济比较落后的地区，有金融专业知识的人员较少，很难聘到优秀、高素质的人才。从高等学校毕业生就业看，由于就业形势不好，近几年也开始流向新型农村金融机构，但是，去新型农村金融机构工作的多为三本学生。这就导致员工整体素质偏低，业务经验不足，效率低下，很容易引发操作风险和道德风险。此外，新型农村金融机构缺乏对员工进行系统的金融知识和相应技能的培训，也是导致员工素质整体低下的一个主要原因。可以说，拥有一批具备专业金融知识和熟悉农村金融市场的人才是新型农村金融机构可持续发展的重要保证。

（六）有关贷款风险控制及抵押担保因素

1. 贷款风险控制问题

如何控制贷款的风险，保证贷款本息安全收回，对新型农村金融机构的可持续发展具有重要意义。新型农村金融机构由于其服务对象的弱质性决定了其本身的抗风险能力不强，因此，提高风险控制能力是新型农村金融机构实现可持续的必要措施。

2. 抵押担保问题

抵押担保问题，是制约新型农村金融机构可持续发展的一个重要因素。历来的实践表明，农民缺乏用于抵押担保的财产，因而导致普遍的农民贷款难现象。因此，如何将农民拥有承包权利的土地经营权、林权、房屋所有权和农业设施所有权转变为抵押权，这是新型农村金融机构亟需研究的问题。此外，新型农村金融机构应该因地制宜，在经营方式、产品设计上对信贷的抵押担保观念进行突破和创新。

（七）监管权限及监管方式因素

新型农村金融机构发展缓慢，且结构不合理的主要原因在于金融监管体制和方式的不合理。一方面，监管权限高度集中于中央政府，市场准入过严。另一方面，合作金融法律缺失，监管方式滞后于农村金融发展的需要。

1. 监管权限高度集中于中央政府，市场准入过严

我国当前的金融监管体制，属于集权多头式，监管权限高度集中于中央政府，这种金融监管体制已不适应新型农村金融机构发展对金融监管的需要。金融监管部门从监管成本、责任和风险的角度考虑，没有积极性和动力去发展由民营资本作为主发起人的村镇银行和农村资金互助社。第一，村镇银行的主发起人制度抑制了民间资本进入农村金融市场的积极性。2007 年银监会印发的《村镇银行管理暂行规定》规定，村镇银行须由银行业金融机构发起设立，最大股东或唯一股东必须是银行业金融机构；单个自然人股东、单一非银行金融机构或单一非金融机构企业法人的持股比例，均不得超过村镇银行股本总额的 10%。这些规定限制了民间资本在村镇银行中的控股权和话语权。由于银行业金融机构必须做主发起人，使得民间资本无法发挥主导作用，即使参与其中，也往往无法获得经营决策权，这在很大程度上抑制了民间资本参与设立村镇银行的热情和积极性。银监会制定和发布的《小额贷款公司改制设立村镇银行暂行规定》，明确规定了小额贷款公司转制为村镇银行的条件，其中最为关键的是村镇银行的主发起人

（最大股东）必须是符合条件的银行业金融机构，这就意味着要改制为村镇银行的小额贷款公司主发起人就必须放弃对企业的控股权，也就使其失去了自愿改制的动力和积极性。第二，对农村资金互助社的市场准入过严，非正规农村资金互助社转正为正规农村资金互助社难。由于监管力量不足，也因为在身份上的歧视，目前有大量的农村资金互助社没有拿到金融业务经营许可证，从而缺乏合法的身份，出现了农村资金互助社被“山寨化”的现象。

2. 监管方式滞后

对不同类型的新型农村金融机构统一实施审慎监管的方式也不太合理。对于小额贷款公司、贷款公司和农村资金互助社这三类以自己的钱放贷的机构，完全可以进行非审慎监管。《农村资金互助社管理暂行规定》要求农村资金互助社不能设立分支机构，这就使设在乡镇的农村资金互助社无法向下延伸机构，导致农村资金互助社只能孤立地存在。农村资金互助社缺少组织服务网络，无法形成规模经济优势。

3. 合作金融法律的缺失

完善的合作金融法律是农村合作金融健康发展的保证。国际合作金融的实践表明，为了促进合作金融的发展，许多发达国家和发展中国家都制定并颁布了合作金融法律。合作金融法律随着信用合作社的发展不断完善和充实。我国尚未制定《合作金融法》，《中华人民共和国农民专业合作社法》也没有关于农民开展农村信用合作的条款。

第六章　促进新型农村金融机构可持续发展的对策

要通过推动机构设置、开辟资金来源、加快产品和服务创新、加强监管、加大扶持力度等方式促进新型农村金融机构的可持续发展。

针对新型农村金融机构可持续发展中存在的问题，主要是机构数量发展缓慢，地区分布不合理，目标定位与政策初衷背离，资金来源不足等问题，提出下列建议。机构设置是解决农村金融服务不足的关键，因此要推动新型农村金融机构的设置，将机构设置到基层去，达到服务三农的目的。新型农村金融机构普遍存在资金不足的困境，拓展融资渠道对提高支农能力、推动其可持续发展具有重要意义。创新能力也是新型农村金融机构可持续发展的关键，我国农村金融发展水平较低，新型农村金融机构要积极借鉴国际小额信贷成功经验，结合国内同业金融创新成果，创新出更多符合农村需要的金融产品和服务。大多数农户和农村小微企业规模小、资金少、缺少抵押担保物，而且财务制度混乱，以上原因导致其很难通过贷款审核，也就无法获得贷款。因此，创新担保方式，对于解决农户和农村小微企业贷款难问题具有重大意义，新型农村金融机构要积极参与各地方政府主导的担保方式创新。我国农村金融市场的特点是成本高、收益低，市场风险大。新型农村金融机构的业务对象是农户和农村小微企业，贷款面临的风险比一般商业银行要多，特别是容易遭受自然灾害引起的风险，而其自身为小型机构，抗风险能力低。为此，新型农村金融机构更应该注重风险防范，确保业务经营的安全性。设立新型农村金融机构是为了支持三农的，各监管机构应加强对新型农村金融机构贷款投向的监管，使其不改变支农方向；同时，为保证新型农村金融机构稳健发展，各监管机构要根据实际，合理配置监管资源，加强对新型农村金融机构的指导、服务和监管。由于机构规模小、前期投入高、运营成本高，加上社会认知度低，资金来源不充足，新型农村金融机构在短期内盈利并不现实。通常，新设立的金融机构需要在运行 2 ~ 3 年后，形成一定规模，才能消化前期投入，实现盈利。因此，由政府相关机构出台扶持配套政策非常重要。

第一节　推动新型农村金融机构设置

一、将民营化作为村镇银行的发展方向

（一）村镇银行民营化有利于支农支小

当前，村镇银行主发起人必须是银行业金融机构，且持股比例不得低于20%的规定，限制了民间资本向银行业的进军。主发起人制度虽然有利于村镇银行成立后尽快掌握相关业务，防范金融风险，便于金融监管，但不利于民间资本向银行业进军，不利于小额贷款公司转制为村镇银行，不利于民间金融的正规化。

我国民间资本有多年投资设立银行的愿望，但银行业一直没有真正完全向民营企业和自然人开放，即使已经对外资银行开放了，也不愿意向民间开放。虽然允许民营企业和个人参与村镇银行的设立，但要在主发起行的主导下才能进行，这样大多数民间资本就会被排除，一般人很难参与进来。

要鼓励和引导各类资本发起设立农村金融机构，增加农村中小型金融机构的数量，建立银行业集中度较低、竞争水平较高的农村金融体系。村镇银行在组织创新上应进一步加大力度；试点设立完全民营的村镇银行，不再要求由一个银行业金融机构作为主发起人，发起人和其他股东都是民营企业和自然人，甚至优先吸纳农村企业和农民；把村镇银行办成真正的民营化银行，根植于农村。这种完全民营化的村镇银行有什么优点呢？民营化使产权更加明晰，避免产权不清的弊端，提高村镇银行的效率。积极吸纳农村民营企业和农民资本入股，农村大量的闲置资金找到了长期可靠的投资渠道，民间资本在获得相对稳定收益的同时，也增强了银行资本实力，起到了激活银行经营体制的作用，使村镇银行成为真正扎根基层的“草根银行”，能更好地发挥“支农支小”作用，更好地服务“草根经济”。这是鼓励非公经济发展、开展新型农村金融机构创新和优化支农强农模式的很好的尝试。

同样，对于小额贷款公司改制村镇银行，政府应该允许商业性小额贷款公司股东保留原有控制人的控股权，成为村镇银行的主发起人。允许民间资本成为村镇银行的主发起人，可将更多的民间资本引导到农村金融市场去服务三农和小微企业。

（二）天津市村镇银行民营化的经验

结合天津城镇化发展进程，天津市推动村镇银行“本土化、民营化、专业

化”发展，积极吸纳当地民营企业和农民资本入股，打造真正意义上的本地银行、草根银行。如华明村镇银行通过增资调整股权结构的方式进行改建，股本由1亿元增加到5亿元，主发起行股权占比由51%降至40%，给当地民间资本让渡出更多的空间，新吸纳11家当地优质民营企业和9家村级经济组织入股，当地股权占比达51%，民间资本占比超过90%。通过“本土化、民营化、专业化”改建，农村大量的闲置资金找到了长期可靠的投资渠道，民间资本在获得相对稳定收益的同时，也增强了银行资本实力，起到了激活银行经营体制的作用，村镇银行成为真正扎根基层的“草根银行”，能更好地发挥“支农支小”作用，更好地服务“草根经济”。中央电视台将华明村镇银行改制总结为在全国率先贯彻中央鼓励非公经济发展“三十六条”、开展新型农村金融机构创新和优化支农强农模式的良好做法，两次进行专题报道。《求是》杂志2013年第4期刊发了天津市委副书记、市长黄兴国《小银行大战略》的署名文章，将村镇银行“本土化、民营化、专业化”发展作为天津市深化农村金融改革的重要突破口，视为撬动城乡一体化发展的有力杠杆。

（三）借助国家发展民营银行的政策发展民营村镇银行

2013年以来，国务院、央行、银监会纷纷表态鼓励尝试由民间资本发起设立“自担风险”的民营银行。2013年7月，国务院办公厅发布了《关于金融支持经济结构调整和转型升级的指导意见》（国办发〔2013〕67号），被称为金融“国十条”，其中，首次明确提出“尝试由民间资本发起设立自担风险的民营银行”。2013年11月，十八届三中全会进一步提出“在加强监管前提下，允许具备条件的民间资本依法发起设立中小型银行等金融机构”。十多年悬而未决的民营银行问题终于得以确认，这次民营银行的放开对我国金融体制改革具有里程碑意义。

1. 发展民营银行的意义

首先，有利于支农支小。允许民间资本发起设立中小型银行，也就是说民营银行属于中小型银行。民营银行要根植于社区，以小微企业和农户为业务对象。由于民营银行在经营体制、股东背景等方面和大型银行存在明显的差异，对借款人更为了解，可以形成“关系型”借贷，将有助于提高金融资源配置效率，解决小微企业和农户融资难问题。其次，可规范民间融资。我国民间融资规模大，缺乏规范，蕴藏着巨大的风险。多年来民间借贷纠纷、暴力收贷、借款人“跑路”等案例很多；非法吸收公众存款、集资诈骗案件也不少。放开民间资本，让其自主兴办银行，有助于将民间借贷、地下金融的资本吸纳进入民营银行，从而纳入金融监管范围内，不仅是支农支小的重大举措，也是化解民间融资潜在金融风险的有效途径。

2. 试点设立民营银行应先制定民营银行管理规定

在明确可以设立民营银行后，银监会应尽快出台《民营银行管理规定》，规定准入门槛并发布实施细则，或公布参照村镇银行、农村商业银行和城市商业银行管理规定来实施。

民营银行是“民有、民营”的银行。民营银行产权明晰，资本金主要来自民间资本，第一大股东也是民间的，民间资本可以是民营企业的资本，也可以由自然人出资；民营银行应建立现代企业制度，形成科学的治理结构，经营方针、人事任免等重大事项完全由民间资本通过“三会”决定；除了“依法监管”外，政府不加任何干预；民营银行是真正的市场主体，以安全性、流动性、效益性为经营原则，自主经营，自担风险，自负盈亏，自我约束。民营银行是商业银行，依照商业银行法和公司法的规定设立。

民营银行是中小型银行。我国目前将商业银行划分为大型商业银行、股份制商业银行、城市商业银行、农村商业银行等，这是按所有制和业务领域划分的。民营银行是按所有制的划分，与上述几类有重叠之处，不应是一种单独的类型。民营银行属于中小型银行，可以设立民营的城商行、农商行和村镇银行。因此，如果不出台单独的管理规定，参照这几类中小银行设立也可以，但要有相关政策出台。

民营银行应从社区做起。民营银行可学习美国的社区银行，至少成立初期的民营银行应学习美国社区银行的经验，从社区做起，不要一开始就搞很大。要以服务社区为己任，或服务于某一行业。在设立条件上，注册资本应高于现行村镇银行的规定，在县（市）设立的注册资本不得低于5000万元人民币；在市区设立的注册资本不得低于1亿元人民币。

市场定位于小微企业和三农。民营银行要实现可持续发展，关键在于应实行差异化和特色化定位。目前我国并不缺银行，而缺乏最基层的银行网点，为数众多的农户、小微企业缺乏金融服务，民营银行要将它们作为潜在客户。城市银行网点已显过剩，新成立的民营银行竞争力肯定不足，应该找准自己的位置，实现差异化定位，以服务县域为主，在市区的也要瞄准小微企业。

允许小额贷款公司转制民营银行。民营银行可以由民间资本直接成立，也可以由小额贷款公司转制而来，毕竟小额贷款公司已有几年的贷款经验。在民营银行试水初期，给予相应的保护措施和政策过渡期。

3. 严格监管民营银行以有效防范风险

在银行业丰厚利润的背景下，民间资本对于经营银行业的风险还没有足够的重视，因此监管当局应当健全制度，为民营银行稳健经营提供制度保障。

严格市场准入。设立民营银行应当规定筹建条件和开业条件，达不到条件不能申请筹建或开业。比如行长和其他高级管理人员满足任职国籍（中国公民）、专业知识（学历限制）和资历（银行工作经验）的条件。董事长和董事由大股东出任，即民营企业主或自然人股东出任，可以没有从事银行业工作经验，但应该具备从事经济工作经验的年限。此外，股东的资信也必须通过银监部门审查，为民营银行未来的经营创造良好环境。民营银行股东经验不足，必须有合格的管理人员和员工，所以高管的任职资格不能降低门槛。虽然民营资本可以设立银行，但应该严把准入关，达不到条件不能设立，同时还要考虑布局，根据市场需要设立，不要一窝蜂，要防止过热现象的出现。

银行存续期的持续审慎监管。要强化对民营银行资本充足率、资产损失准备充足率、不良资产率及单一集团客户授信集中度的持续、动态监管。民营银行必须执行审慎、规范的资产分类制度，在任何时点，其资本充足率不得低于银监会的最新要求，对于不能达标的银行，银监会可以采取不同的监管措施。若不能达到最低资本要求，被视为严重违规和重大风险事件，银监会将采取严厉的监管措施，包括依法对银行实行接管或者促成机构重组，直至予以撤销。资产损失准备充足率不得低于100%，贷款集中、资产流动性等指标也应严格满足审慎监管要求。为避免抽逃注册资本、搞关联交易而引发风险，民营银行不得为股东及其关联方提供贷款。民营银行不得向关系人发放信用贷款；向关系人发放担保贷款的条件不得优于其他借款人同类贷款的条件。

建立市场化退出制度。我国多年来没有形成真正的银行市场退出机制，不能通过市场退出对银行进行有效约束。民营银行出现后，国家没有理由对问题银行进行注资救助，对于经营不善资不抵债的银行应当予以破产，或由其他银行接管。

建立存款保险制度。我国酝酿存款保险制度已有多年，民营银行的出现，会在几年内使中小银行数量大增，建立存款保险制度的必要性更为突出。如果存款保险制度得以建立，无论对现在的中小银行，还是对未来成立的民营银行，都能提高它们的抗风险能力，在出现支付危机时不至于被挤兑。同时，存款保险公司具有一定的监管职能，多一个层次的监管有利于民营银行稳健经营。此外，存款保险制度有利于民营银行吸收存款，增加公众对它们的信心。

4. 试点筹建民营银行的情况

在2013年国家允许试点设立民营银行后，社会各界积极响应，部分行业组织、民间商会、研究机构和地方政府通过多种方式提出试办民营银行的申请和相关意见建议。2013年末至2014年初，银监会积极研究，推动落实党中央、国务院政策精神，广泛听取社会各界的意见建议，根据我国银行业发展情况和民间资本进入银行业的具体诉求，提出了设立自担风险的民营银行试点工作的框架性建议，并获得国务院同意。发起设立民营银行的目的是激发民间资本的自主性和创造性，因此在自愿提出的民营银行设立意向性申请中，根据发起方案的成熟度、前期准备情况等，经过综合筛选，2014年3月初，国务院最终确定了首批五家民营银行试点方案。下一步，银监会将根据现行法律法规对参与试点的上述民营资本进行严格的股东资格审核，合格后受理正式申请。成熟一家批复一家，稳步推进首批试点工作。待取得试点经验后，再进一步扩大试点。可见，试点民营银行前并没有先制定民营银行管理规定，而是根据各地上报的试点方案来选择入选的名单，并进行试点。

试点名单是在各地转报推荐的试点方案中优中选优确定的，选择标准主要考虑五个因素：一是有自担剩余风险的制度安排。银行是管理风险的，有风险外溢性，必须未雨绸缪，要承担可能出现的风险，防止风险外溢，保护金融消费者、存款人和纳税人的合法权益。因此此次试点严格要求发起人切实自担风险，自愿承担银行经营风险，承诺承担剩余风险。二是有办好银行的资质条件和抗风险能力。要求发起人公司治理完善，核心主业突出，现金流充裕，有效控制关联交易风险，能够承担经营失败风险。三是有股东接受监管的协议条款。要求发起人承诺其股东接受监管机构的监管，以防自担风险的责任落空。四是有差异化的市场定位和特定战略。坚持服务小微企业和社区民众的市场定位，为实体经济发展提供高效和差异化的金融服务，实行有限牌照。五是有合法可行的风险处置和恢复计划。提前订立风险处置与恢复计划，即“生前遗嘱”，明确经营失败后的风险化解、债务清算和机构处置等安排。银监会作为监管部门，将明确专门机构、专门人员，按照统一标准实施公开公平的审慎监管和行为监管，特别是强化对关联交易的监管，杜绝道德风险。同时，建立风险监管长效机制，按照风险为本的监管原则，确保存款人和相关债权人合法权益不受损失，促进民营银行试点有序推进。

根据中央深化改革领导小组分工安排，“在加强监管的前提下，允许具备条件的民间资本依法发起设立中小型银行等金融机构”已列为2014年改革重点工作，由银监会牵头推进。按照中央深化改革领导小组和国务院的有关要求，在各地转报推荐的试点方案中择优确定了首批5家民营银行试点方案，将由参与设计试点方案的阿里巴巴、万向、腾讯、百业源、均瑶、复星、商汇、华北、正泰、华峰等民营资本参与试点工作。这次试点将遵循共同发起人原则，按每家试点银行不少于两个发起人的要求，开展相关筹备工作，这些试点银行将选址在天津、上海、浙江和广东等地区。

根据试点方案要求，民营银行四种经营模式分别是：“小存小贷”（限定存款上限，设定财富下限）；“大存小贷”（存款限定下限，贷款限定上限）；“公存公贷”（只对法人不对个人）；“特定区域存贷款”（限定业务和区域范围）。

5. 应加快试点民营村镇银行

从选择的民营银行发起人来看，试点的民营银行规模不会太小，同时也没有在农村地区进行试点。因此，设立完全民营资本的村镇银行，恐怕尚需时日。但完全民营化是村镇银行的发展趋势，民营村镇银行产权更加明晰，更接近农户和农村小微企业，更能自主地为三农服务。在民营银行试点一段时间后，应尽快试点民营村镇银行。

二、小额贷款公司应坚持服务三农将机构设置到县域

2005 年人民银行试点小额贷款公司的目的是解决农民贷款难问题，但目前我国虽然成立了 8 千多家小额贷款公司，但真正支农的却比较少。从小额贷款公司的住所看，大多数都在城区营业，在县城所在地营业的少，能够下放到乡镇的更少。2012 年 5 月对天津市金融办的调研，天津市小额贷款公司支农贷款的余额只占 7.4%，这与 2005 年人民银行试点小额贷款公司的初衷相差甚远，对解决农民贷款难问题作用不大。截至 2012 年 6 月末，经天津市金融办批准筹建的贷款公司共有 106 家，覆盖全市 16 个区县和主要经济功能区；94 家公司已先后获批开业运营，比上年末增加 24 家。注册资本金 74.9 亿元。其中，19 家在涉农区县开业，75 家在城区营业。股东数量 479 人，其中农户股东 14 人。员工 978 人，吸收大学生村官 4 人。从开业的法人机构注册地看，设在涉农区县的只占 20%，从而导致支农贷款占比不高。

如何发挥小额贷款公司的支农作用？一是在设立时应鼓励其设在县域，特别是乡镇，对设立到县城或乡镇的，应当优先予以审批。目前各地对设立小额贷款公司并没有注册地的限制，今后应该积极引导，并采取鼓励措施，比如在税收上、在相关管理费用上对县域小额贷款公司给予优惠，特别是对城市民间资本进入县域应该积极鼓励。对设在乡镇的小额贷款公司，在注册资本上可以适当放松，将设到中西部乡镇的小额贷款公司的注册资本，降低至 200 万元甚至 100 万元。二是通过政策引导，支持小额贷款公司对农户、农民专业合作社和农村小微企业发放贷款，让它们能够直接服务三农，对其三农贷款要给予税收上的优惠，一些扶贫性质的贷款要给予补贴。

三、大力发展新型农民合作金融组织

（一）积极推动农村资金互助社的设立

农村资金互助社由于扎根农村社区服务的特点和独特的运行机制，一度被认为是最贴近农民需求的金融组织。但目前由于认识上及操作上的问题，农村资金互助社在我国发展缓慢，与最初的构想相去甚远。但是，合作金融在美日等发达国家目前还比较普遍，它确实有一定的适用性。农村资金互助社作为真正的合作性金融组织，对解决农民、农村小微企业贷款难问题具有突破性意义。因此，地方政府和监管机构等相关部门有必要分析其发展缓慢的原因，引导农民、农民专业合作社和农村中小微企业投资设立农村资金互助社。如果是地方政府和监管机构认识不深入、推动不利的原因，应查明原因，积极推动农村资金互助社的发展。

1. 农村资金互助社的制度优势

（1）真正根植于农村。我国农村金融服务体系中，最底层、最接近三农的这一层次其实是最缺失的，在大多农村信用社取消了村级代办站之后更是如此。各类农村金融机构中，农村信用社能够把机构设到乡镇，其他机构大多只设到县级，即使是村镇银行，刚成立时多在县城设立单一机构，两三年后才开始设立几个乡镇级机构。只有农村资金互助社，根植于农村，对解决农民小额度资金需求、方便农民贷款意义重大。

如果将金融比作经济发展的血液的话，农村资金互助社可以看作是农村经济的毛细血管。因此，在银监会《意见》允许设立的三类新型农村金融机构中，最具有重要意义的是允许设立社区性信用合作组织。

（2）解决了信息不对称的问题，降低了经营风险。现实经济中个人的有限理性，外在环境的复杂性、不确定性，会引起信息不对称现象。凡是信息不对称的交易都会包含道德风险。农村资金互助社最大的好处是，入股社员之间知根知底，不讲信用的不许入社，避免了由于信息不对称带来的道德风险和逆向选择问题。

农村资金互助社的社员主要由本村农民组成。一方面，村民之间彼此知根知底，贷款人对借款人的经济状况、还款能力、道德品质和资信状况都有清楚的了解，可以有效解决借贷双方的信息不对称问题。另一方面，农户之间相互监督，借款人一旦违约，他的代价将是声誉的损失，这有效降低了“道德风险”的发生概率。此外，社员与资金互助社之间虽然是借贷双方，但资金互助社是社员自己的合作社，一般情况下社员是不好意思违约的。

(3) 互助性交易降低了交易成本。交易成本高低是影响交易能否进行的主要因素。商业银行等金融机构与农民是两个利益主体，银行放款时需要对借款人进行详细的调查、甄别，而农民贷款的分散性、小额化和个性化，与商业银行集中化的机构和管理不适应，加大了银行贷款的成本，导致大银行不愿意发放小额贷款。即使是村镇银行，也出现了“放大不放小”的现象。农村资金互助社能使外部交易内部化，其低廉的管理费用和微不足道的信息费用刚好适应农民分散的、多元化的融资需求。

(4) 解决了农户贷款难问题。农户贷款难、难贷款，很大程度上制约了农业生产和农民增收。而农村资金互助社作为农民自发成立的金融组织，立足为社员服务。它将分散的小额资金集中起来，通过资金的余缺调剂，解决农户和农村小微企业贷款难问题；它贴近农民，考虑农业生产的季节性需要，融资手续简便，贷款时间灵活，融资成本低；它仅凭借款社员的信用或担保社员的信用，不需抵押担保便可提供互助贷款，社员借还款在村内完成，简便、快捷，有效解决了农村金融服务的不足和缺位。

2. 加快发展农村资金互助社的对策

(1) 适当降低设立门槛和监管标准，将非正规资金互助社转正。一些民间资金互助社已经具备很大的规模，并取得了良好的经济效益和社会效益，却仍然不能获得监管部门给予的金融业务经营许可。可以适当降低门槛，通过规范，把农村各类民间金融组织纳入农村正规金融组织范畴，使其具有正规金融企业的法人地位。对于那些业已存在的资金互助社，要给予合法地位，发给金融许可证，成为名副其实的金融企业法人，并在工商部门注册登记，一切活动依法办理；与其他金融组织有同等的市场地位，有利于公开竞争。

一个小的农村资金互助社，没有必要配备很多专职人员，以节省人员成本；也没必要有专门的场所和设施，把资金存到农村信用社等机构就可以了。在业务上，农村资金互助社不得向非社员吸收存款，这可以避免存款人遭受损失；但如果有富余资金，向同村居民发放贷款还是应该允许的，这样可以提高支农效果。

总之，通过转正为农村资金互助社，把那些民间借贷活动纳入阳光操作，从地下到地上，由非正规到正规，由非法到合法。这样做的结果是，会有一大批农村资金互助社出现。

(2) 加大宣传力度，提高农户和其他组织设立农村资金互助社的积极性。农村资金互助社作为一个新生事物，农民群众对它有一个逐步认识的过程。因此，地方政府及监管机构要加大对农村资金互助社的宣传解释工作，明确其性质、作用、管理以及审批程序等问题，吸引更多的社会力量关注农村资金互助社的发展。鼓励社会资本和民间资本发起设立农村资金互助社，吸收更多的农户成为社员，以增资扩股。

（3）提供融资优惠政策，拓展资金来源。针对农村资金互助社资金来源渠道少，资金不足的困境，可采取以下措施拓展资金来源：①从农业发展银行和邮政储蓄银行等金融机构批发资金。由银监会和地方政府出面，要求上述银行业金融机构给资金互助社按适宜利率批发资金，再由资金互助社转贷给农户。②中央银行再贷款。对于资金紧张的农村资金互助社，人民银行可安排一定金额的再贷款。③适当放宽存款利率限制。互助社属封闭经营，社员存款是其最可靠、最稳定的资金来源。在存款利率相同的情况下，农民是不会把存款放到一家没有国家信用保证的机构里的，而会把钱存到银行或农村信用社。因此，只有适当提高互助社存款利率上限，才能增强互助社的吸储能力，将农村社区资金直接留在农村，迅速拓展互助社的资金来源。目前我国的利率市场化只是停留在贷款利率的市场化，存款没有市场化，这是没有道理的。存款利率的市场化正好从农村资金互助社试点开始。

（4）开展农村金融领域教育培训，培育金融意识和农村信用文化。为提高广大农民和基层干部的金融知识水平，推动农村金融组织创新及金融产品和服务创新，构建普惠金融体系，应该积极开展农村金融领域的教育培训。

对农村基层干部、农民和小微企业主进行广泛的农村金融教育培训活动，使他们掌握融资手段，知道如何融资，特别是如何设立、管理农村资金互助社。对农村资金互助社的信贷业务人员进行小额信贷业务和技术培训，提高业务水平。对县、乡镇领导和县涉农部门领导进行农村金融改革、小额信贷、农业保险及合作经济等方面的培训，提高其支持农村资金互助社发展的能力。

（二）规范发展非正规及民间资金互助社

在农村资金互助社出现之前，就有民间的资金互助组织。在农村资金互助社的示范效应下，也相应有一些自发的、未经批准的民间资金互助社在运作。其中，有些是在工商部门或民政部门登记注册的资金互助社，还有一些由农户自发组织形成，既没有在银监局注册也没有在工商管理部门或民政局登记，处于一种“地下”经营的状态，目前这类资金互助社在农村地区的数量最庞大。

这种“山寨化”的农村资金互助社很多，据报道，浙江省玉环县玉城街道九山农村资金互助社（简称“九山互助社”）是在百信互助社的示范下产生的一个典型代表。和百信互助社不同的是，九山互助社位于台州和温州资本密集之地，却苦于没有金融许可证而同样陷入发展困境。九山互助社是在国家农村金融新政的指引和地方政府的大力支持下，依托玉城街道九山社区四个行政村建立起来的。九山互助社成立于2008年7月26日，是由18个农民按照自愿和民主的原则、出资54万元发起组建的社区互助性信用合作组织。截至2010年6月30日，共发展社员369户，募集股金725.15万元，累计借贷金额2050.6万元，贷款余额714.66万元，贷款到期收回率100%。九山互助社从发起时就向地方政府汇报，并向银行业监督管理部门提出设立请求。当地银监局在《关于支持设立玉环县珠港镇九山农村资金互助社的复函》中答复："农村资金互助社作为新型农村金融机构，目前正在试点阶段，其试点工作由银监会统一部署。据悉，省政府有关部门正在就此项工作开展调研。我分局至今没有接到上级关于开展农村资金互助社试点工作的通知。"当互助社社员得知浙江开展4家农村资金互助社试点后，九山互助社再次向台州局和浙江局提出了准入请求，玉环县人民政府特此向台州局和浙江局发函。九山互助社的市场准入工作甚至写入台州市2010年1号文件中，但是该社至今未获得准入。

如前文所述，对于这类资金互助社，监管当局尽量解决他们的金融经营许可证问题，并予以规范，承认其合法性，将其纳入金融监管体系。另一条解决途径是，将其单独作为资金合作社的一类，在工商管理部门或民政局登记，由各地金融办进行监管。

（三）鼓励农民专业合作社内部的资金互助

农村信用合作组织的出现，对解决农民贷款难问题作用很大。而在农民专业合作社内部开展的资金互助，则是农村信用合作组织的一种新的且比较容易被农民接受的实现形式。近几年，在农民专业合作社基础上发展资金互助的模式已悄然兴起并呈现快速发展势头。在合作社成员自愿、政府扶持指导下，我国许多地区开始进行了合作社内部资金互助试点工作，解决成员短期、小额、流动性资金短缺难题。当然，这一模式也有一些瓶颈，比如农民专业合作社社员从事相同的业务，有可能同时需要借钱，资金互助就难以解决；资金互助组织管理风险的能力比正规金融机构差，容易出现信用风险、操作风险等。因此，应着手研究解决对策，促进农民专业合作社开展资金互助业务。

1. 农民专业合作社内部信用合作组织的性质界定

2007年7月1日起施行的《中华人民共和国农民专业合作社法》并没有把资金互助社作为农民专业合作社的一种。在2008年10月12日中国共产党第十七届中央委员会第三次全体会议通过的《中共中央关于推进农村改革发展若干重大问题的决定》中，提出了允许有条件的农民专业合作社开展信用合作，这种信用合作属于农民专业合作社内部的信用合作，是信用合作中一种较初级的形式。

之后，银监会和农业部也鼓励这种信用合作形式。与农民专业合作社有《农民专业合作社法》，并在工商部门注册成法人；农村资金互助社有银监会《农村资金互助社管理暂行规定》，颁发金融许可证并在工商部门注册成法人不同的是，除十七届三中全会的《决定》及此后的中央一号文件外，有关部门并没有针对农民专业合作社内部信用合作组织专门发布行政规章进行规范，因此，社会上普遍认为它没有明确的身份认证，影响了它的健康发展。

我国要建立健全适应“三农”特点的多层次、广覆盖、可持续的农村金融体系。从多层次、广覆盖的角度看，农村金融机构不仅要有正规金融机构，也要有非正规金融机构和民间金融机构。可将农民专业合作社内部信用合作组织的性质界定为非正规农村金融组织，不强调其具有法人资格，由相关部门规范引导、鼓励其发展。

事实上，在我国建国初期的合作化运动中，就建立了三种形式的信用合作组织，即信用合作社、信用互助组和供销合作社内附设的信用部。当前的农民专业合作社内部信用合作组织就类似后两种。

2. 农民专业合作社内部信用合作组织的设立条件及程序

在党的第十七届三中全会通过的《中共中央关于推进农村改革发展若干重大问题的决定》中，提出了允许有条件的农民专业合作社开展信用合作，至今已经五年多了。2014 年中央一号文件在总共 33 条中专门列出一条阐述发展新型农村合作金融组织问题，提出“在管理民主、运行规范、带动力强的农民合作社和供销合作社基础上，培育发展农村合作金融，不断丰富农村地区金融机构类型”。因此，各省级农委、金融办、银监局、人民银行分行或省政府所在地中心支行，应联合确定设立农民专业合作社内部信用合作组织的具体条件。

农民专业合作社申请开展资金互助业务应具备以下条件：在工商行政管理部门注册登记两年以上；有规范的组织机构、章程及财务管理、盈余分配等制度；有独立的银行账户，成员账户及产权资料完整；经营状况和信用记录良好；有相应的资金互助管理办法；有互助资金使用计划。

同时，农民专业合作社社员人数原则上不少于 50 户，参加信用合作组织的社员不少于 30 户。

信用合作组织可称为农民专业合作社资金互助会或农民专业合作社资金互助部。

符合设立条件的，可通过乡镇政府向县级农委申请设立，县级农委报省级农委批准，同时在省级金融办、银监局、人民银行分行或省政府所在地中心支行备案。申请材料应包括申请书、成员大会会议记录、成员筹资清单、互助资金使用计划、互助资金管理办法。

3. 资金互助会（资金互助部）的运作机制

资金互助会可在当地政府的指导下成立，以专业合作社内部成员为主体，非合作社成员不得入股与借款，坚持专业合作社内部资金互助，在农村信用社等金融机构开立基本账户，将互助资金存入该账户，单独核算互助资金，实行独立的财务管理制度。

互助会主要在专业合作社成员间调剂资金余缺，互助资金只能用于农业项目，重点扶持农民社员进行农业生产，重点是为成员购买种子、种苗、肥料、农药等农业生产资料，购置大、中型农业机具，购买各类包装和加工设施、购置冷藏保鲜设施和运输设备，支付雇工工资以及用于本成员生产经营的其他费用提供资金服务，最终起到促进农业增效、农民增收和农村发展的作用。

资金互助会的组织架构由成员（代表）大会、理事会和监事会组成。成员大会由全体入股成员组成，经授权，成员代表大会可以履行成员大会职权，其中代表由若干成员小组直接选举产生。

专业合作社内部成员自愿入股，最低入股金额可定为10000元，西部地区可以考虑降低入股金额，比如最低入股金额可定为1000元，为了筹集较多的股金，最低入股金额不能再低。单个社员所持股本不得超过总股本的20%。

贷款可以分为信用贷款、保证贷款和抵押贷款。根据各资金互助会的股本数额确定各类贷款的适用额度。由于是社区内相互熟悉的人进行借贷，一般不会故意欠债不还，因此一定金额以内的小额贷款，可采用信用贷款方式，不用提供担保；超过一定金额，可采用保证贷款，由其他互助会成员用股金担保，担保人的股金总和必须大于或等于借款金额。对于大额贷款，应采取抵押贷款方式。但是，为方便社员贷款，应以信用贷款和保证贷款为主。

资金互助会的股金不应支付利息，而应在年末分红；贷款利率不应太高，可定在人民银行同期基准利率的0.9~2倍之间，最好低于商业银行贷款利率，更应低于小额贷款公司等机构的利率，体现互助资金的性质。

4. 推动农民专业合作社内部信用合作组织发展的建议

当前，农民专业合作社已在我国蓬勃发展，根据国家工商行政管理总局统计资料，2014年1月份全国市场主体数据显示，一月份在各类市场主体中农民专业合作社增速最快，截至2014年1月底，全国共有农民专业合作社101.9万户，比上月底增长3.72%，出资总额2万亿元，增长5.44%。当月新登记注册3.52万户，增长12.65%。截至2014年2月底，全国共有农民专业合作社103.88万户，比上月底增长1.94%，出资总额2.04万亿元，增长2.38%。农民专业合作社新登记注册 1.99 万户，下降 43.45%。* 与此同时，在专业合作社基础上发展资金互助的模式在各地也有一定数量的发展，对解决合作社成员短期、小额、流动性资金短缺难题发挥了重要作用。在中央发展资金互助合作大的方向已经明确的情况下，如何规范、加快发展农民合作金融将是下一步操作重点。

（1）加大宣传力度，正确认识农民专业合作社内部信用合作组织的身份，提高社员设立信用合作组织的积极性。充分认识非正规金融组织存在的必要性，将其作为我国农村未来金融机构体系的必要补充，鼓励其大力发展，给予其合法身份。因此，地方政府及监管机构要加大对农民专业合作社内部信用合作组织的宣传解释工作，明确其性质、作用、管理以及设立程序等问题，使更多的具备条件的农民专业合作社能够开展信用合作。

当前农户有开展金融合作的现实需求，不少地方也初步具备了合作金融发展的基础和条件。加大对合作社成员有关合作理念及合作金融知识的宣传和教育尤其重要，只有他们掌握了合作金融知识，方能更好利用合作金融这一制度工具谋取自身利益的最大化。

（2）加强诚信建设，创建良好的金融生态环境。在农村地区要加强诚信建设，推广信用户、信用村、信用乡镇建设，结合人民银行中小企业征信体系和个人征信体系建设，创建良好的金融生态环境。只有创建良好的信用环境，才能促进信用合作组织的组建，使其在好的环境下健康发展。

（3）建立严格的内控机制，配合非审慎监管。信用合作组织在其《章程》中可以规定在运作中执行银监会的部分审慎监管标准，其中主要包括以下几项规定：①社员最高借款额不得超过其股金总额的 10 倍；②对单一社员的贷款总额不超过资本净额的 15%；③对单一农村小微企业社员及其关联小企业社员、单一农民社员及其在同一户口簿上的其他社员贷款总额不超过资本净额的 20%；④对前十借款户的贷款总额不超过资本净额的 50%；⑤贷款最长期限 1 年。以上各指标，应当用于信用合作组织的自律，通过自律分散贷款风险。

对于银监会等监管机构，完全可以对信用合作组织进行非审慎监管。这一方面是由于社员内部用自己的钱互助，风险小，也不涉及社会公众，没必要审慎监管；另一方面大量发展信用合作组织后，监管机构也没有这么多的监管力量。可规定信用合作组织定期向有关监管部门报送各种有关资金运营的材料。至于现场监管，如果信用合作组织数量较多，可以半年进行一次，甚至一年一次，以降低监管成本。

---

* 国家工商行政管理总局网站——政务公开——统计资料。

（4）注重风险防范。信用合作组织要加强对互助资金借款的管理，严格做好借前调查、借时审查、借后检查、逾期追查工作，保证借款收回。为有效防止资金风险，资金互助的资金投放应坚持小额、短期原则。农业是弱质产业，不仅有农产品价格风险，更有自然灾害风险，资金投放种养业的，其投放对象应按国家规定险种参加保险。贷款发放后，信用合作组织要经常检查借款的使用和偿还情况，检查第三方保证人的偿债能力，并建立完善的成员个人信用档案。

（5）地方政府应对农民专业合作社开展资金互助业务加强指导。各地应成立专门机构，负责农民专业合作社开展资金互助的试点和推广工作。在互助资金的筹集范围和使用方向，相关的规章制度建设，利益的分配机制，风险的防控能力等方面加强指导。

同时，要开展业务培训，对试点单位的相关人员和基层工作人员进行必要的业务培训，重点学习金融管理、金融会计核算等相关业务。

四、注重新型农村金融机构向最基层的延伸

村镇银行、小额贷款公司等新型农村金融机构一定要社区化，将机构深入到乡村。村镇银行要到乡村设立分支机构，小额贷款公司设在县城的，也要在乡村设立分支机构或代办机构。在行政村不一定要建立物理营业网点，利用村委会办公地点、农民活动场所就可以，也不必天天营业，每周或每旬营业一天，甚至半天也可以，为农民提供存贷款服务，切实解决农民贷款难问题。

新型农村金融机构向下延伸是正确的道路，因为在县城以上基本上不缺金融服务。近两年我国成立了地区级的村镇银行，虽然有加快村镇银行布点的作用，但其方向性是错误的。村镇银行应为小型的社区型农村金融机构，大型化必然导致支农方向的偏离。总行设在地级市，城市企业必然要来借款，而且是大额借款，在利益的驱动下，不可能不偏离方向。

2012 年 6 月 18 日，银监会办公厅发布《关于农村中小金融机构实施金融服务进村入社区工程的指导意见》，工作目标是按照强农、惠农、富农政策要求，强化“三农”市场定位，健全服务网络，创新服务手段，提升服务水平，通过开展农村金融服务进村入社区工程，提高农村金融服务的广度、深度和密度，推动农村金融服务向乡村和社区延伸，提高农村金融网点覆盖率和服务便利度，使广大农民充分享受安全、便捷、丰富、高效的金融服务，共享农村金融改革发展成果。基本原则包括普惠原则、因地制宜原则、可持续原则和内控先行原则等。

工作内容包括八个方面，将网点布局和创新服务方式放在前两位。一是完善机构网点布局。按照“布局合理，功能全面，疏密有度，竞争有序”的要求，统筹网点增设，持续加大乡镇及以下网点布设力度，对农村金融需求旺盛的行政村、自然村和中心社区优先增设机构网点。对于不具备设立标准化网点的村镇，在满足基本安全要求的前提下，可设立简易便民服务网点，适当放宽安全设施等级标准，灵活掌握营业时间或约定时间营业。二是丰富流动服务方式。对地处偏远、经济欠发达、不具备设立固定网点条件的乡镇及以下地区，在规范管理、确保安全的前提下，可由就近营业网点灵活采取流动服务车、马背银行、背包银行等多种形式，开展定时定点或流动服务，扩大服务范围。

村镇银行、小额贷款公司等新型农村金融机构作为小型的农村金融机构，应积极贯彻执行银监会的部署，做好农村金融服务工作。这不仅是服务三农的需要，也是新型农村金融机构自身可持续发展的需要。从《指导意见》发布后的近两年时间看，农村信用社加快了在行政村网点的设置，如果新型农村金融机构不抓紧深入基层的话，基层市场将被其他的农村中小金融机构占领，新型农村金融机构的生存空间将被挤占。

五、地市级村镇银行不应再设立

受经济发展水平和金融总量的制约，中西部地区新型农村金融机构培育发展难度较大。为促进解决这一问题，2010 年 4 月，银监会印发了《关于加快发展新型农村金融机构有关事宜的通知》，允许银行业金融机构主发起人到西部地区（除省会城市外）和中部老、少、边、穷地区以地（市）为单位组建总分行制的村镇银行。所谓地市级村镇银行，是村镇银行的一种新模式，是在地区或地级市等城市成立的村镇银行，此前村镇银行只能在县域内成立。通知明确规定，地（市）总行吸收的存款除上缴存款准备金和留足备付金外，应主要用于县（市）支行发放贷款，支行吸收的存款要全部用于当地。2010 年 12 月 16 日，湖南湘西长行村镇银行开业。这是全国首家地市村镇银行。该村镇银行由长沙银行发起设立，注册资本 2 亿元，其中民间资本投资入股 0.98 亿元，占比 49%。该村镇银行设立后，将为辖内 8 个县（市、区）提供专业化的农村金融服务，其中国定贫困县 7 个，省定贫困县 1 个。截至 2012 年 6 月，全国地市级村镇银行数量已经超过十家。其中安徽、河南、广西各两家，湖南、湖北、四川、江西各一家。桂林国民村镇银行和南宁江南国民村镇银行，均由鄞州合作银行发起成立。信阳珠江村镇银行由广州农商行发起成立，该行所在地位于河南省信阳市区，注册资本 2 亿元，采用“总分行”管理模式，是信阳第二大法人金融机构。按照银监会的计划，首批地市村镇银行全部开业后，将可解决92个县（市、区）农村金融服务问题，其中国家级贫困县27个，省级贫困县10个，农业种植大县37个。

这是新型农村金融机构培育模式的适应性创新发展，制度设计有利于探索规模化解决落后地区金融服务的解决方式，把吸收的城市资金更好地运用和反哺"三农"。但在实际操作中，出于降低成本的考虑，在分支机构设立和贷款投放上，地市级村镇银行似乎并未完全按照这一既定路径发展，有一定产业基础、客户多的地区，成为其开展业务的首选。从村镇银行管理层的角度，会选择在经济发展水平和客户比较充足的地方，先设立支行，再向其他地区发展。比如长行湘西村镇银行首先开业的三家分支行，有两家位于湘西州府所在地吉首市，一家位于凤凰县，而凤凰县旅游业闻名全国，在湘西属于经济较为活跃地区。当然，选择有一定产业基础的地区作为切入点，有利于村镇银行早期的发展，在发展有一定的基础后，再向更加贫困的地区发展。不过，其客户仍以小微企业、商户、城乡居民为主。

因此，地级市村镇银行的开设，尽管一方面能以批量开设分支行的方式促进村镇银行开设速度加快，但是对村镇银行脱离农村、进驻城市提供了更多的可能，而这或许正在对政策初衷形成挑战。有人认为地市级村镇银行的成立，不能不说是有一定的倒退，资金回流城市也是可以预见的情况。事实的确如此，在市场定位上，绝大多数村镇银行都以所在县域的企业客户为主，很少主动下乡。不仅如此，在企业客户的选择上，村镇银行也存在"抓大放小、嫌贫爱富"的现象，这是说县级的村镇银行。有的地级市村镇银行，在贷款方面，市区和郊区基本上是一半一半，由于还没有在县城开设分支行，自然就没有县域的贷款了。结果与制度设计的在地市吸收的存款应主要用于县（市）支行发放贷款完全不一致，而监管机构也没有给予严格的监管。从长远看，地级市村镇银行在总行所在地吸收的存款，如不能有效地运用在县域，其在地级市放款极有可能会被默认的。这与制度设计的初衷就相悖了。

总的来看，今后不要再设立地级市村镇银行了，农业银行、农村信用社等农村金融机构脱离农村的例子已有很多，机构规模扩大与非农化有着密切的联系。好的做法是，要让法人往下，越接近基层越能做好。在银监会的管理办法中，有设立在乡镇的村镇银行，但实践上极少听说。因此，从服务三农上讲，鼓励地级市村镇银行的设立，倒不如鼓励乡镇级的村镇银行。

专栏6-1 村镇银行发展大事记

●2006年12月20日，为解决农村地区银行业金融机构网点覆盖率低、金融供给不足、竞争不充分等问题，银监会下发《关于调整放宽农村地区银行业金融机构准入政策更好支持社会主义新农村建设的若干意见》，决定在四川、青海、甘肃、内蒙古、吉林、湖北6省（区）的农村地区开展试点村镇银行、农村资金互助社、贷款公司三类新型农村金融机构。

●2007年1月22日，银监会发布了《村镇银行管理暂行规定》、《村镇银行组建审批工作指引》等行政许可实施细则文件，规范了三类新型农村金融机构的设立与退出、组织机构、公司治理及经营行为、规范其组建审批的工作程序。

●2007年3月1日，四川仪陇惠民村镇银行挂牌开业，作为首家村镇银行，标志着一类崭新的农村银行业金融机构在我国农村地区正式诞生。

●2007年5月17日，为加强村镇银行监管，促进村镇银行审慎经营和稳健发展，银监会发布《关于加强村镇银行监管的意见》。

●2007年10月24日，经国务院同意，银监会决定扩大调整放宽农村地区银行业金融机构准入政策试点范围至全部31个省区。

●2007年12月13日，经银监会批准，国内第一家外资村镇银行湖北随州曾都汇丰村镇银行开业，标志着外资正式开始进入我国农村金融市场。

●2008年4月24日，中国人民银行、中国银监会联合下发《关于村镇银行、贷款公司、农村资金互助社、小额贷款公司有关政策的通知》，对新型农村金融机构在存款准备金管理、存贷款利率管理、支付清算管理等8个方面出台了明确的详细政策，村镇银行由此脱离“金融孤岛”的状态。

●2008年9月25日，在中国银联、银监会和人民银行的支持和推动下，湖北仙桃北农商村镇银行成功发行了全国第一张村镇银行银联卡。

●2008年12月31日，银监会对外公布数据，全国已开业新型农村金融机构超过百家，其中村镇银行有91家。

●2009年6月12日，银监会发布《小额贷款公司改制设立村镇银行暂行规定》。明确了小额贷款公司改制为村镇银行的准入条件、改制工作的程序和要求、监督管理要求等。

●2009年7月23日，银监会编制的《新型农村金融机构2009年—2011年总体工作安排》已经国务院原则同意，未来三年计划在全国再设立1300家左右新型农村金融机构，其中新设村镇银行1027家。

●2009年12月16日，大中型商业银行参与培育新型农村金融机构工作座谈会上，时任银监会副主席的蒋定之指出，大中型银行在培育发展新型农村金融机构过程中作用发挥不够，并要求大中型银行要在新型农村金融机构培育发展过程中发挥重要作用。早在2008年4月21日，蒋定之在大中型商业银行参与新型农村金融机构试点工作座谈会上强调，要充分发挥大中型商业银行的作用推进新型农村金融机构的培育发展。

●2010年4月20日，银监会印发了《关于加快发展新型农村金融机构有关事宜的通知》，允许银行业金融机构主发起人到西部地区（除省会城市外）和中部老、少、边、穷地区以地（市）为单位组建总分行制的村镇银行。

续表

●2010年12月16日，全国首家地市村镇银行湖南湘西长行村镇银行开业。

●2011年7月25日，银监会印发了《关于调整村镇银行组建核准有关事项的通知》，调整了组建村镇银行的核准方式、挂钩政策，提高了对主发起行的要求。

●2011年12月31日，全国已组建新型农村金融机构691家，其中村镇银行635家。

●2012年1月10日，为建立完善的村镇银行风险监管体系，实现对村镇银行的持续、分类监管，银监会颁布《村镇银行监管评级内部指引》（银监发〔2012〕1号），从资本充足状况、资产质量状况、管理状况、盈利状况、流动性状况和农村金融服务状况等方面对村镇银行进行监管评级。

●2012年3月28日，国务院总理温家宝主持召开国务院常务会议，决定设立温州市金融综合改革试验区，批准实施《浙江省温州市金融综合改革试验区总体方案》。会议确定了温州市金融综合改革的十二项主要任务，其中第二项强调“加快发展新型金融组织。鼓励和支持民间资金参与地方金融机构改革，依法发起设立或参股村镇银行、贷款公司、农村资金互助社等新型金融组织。符合条件的小额贷款公司可改制为村镇银行”。

●2012年5月26日，银监会颁布《关于鼓励和引导民间资本进入银行业的实施意见》（银监发〔2012〕27号），支持民营企业参与村镇银行发起设立或增资扩股。村镇银行主发起行的最低持股比例由20%降低为15%。村镇银行进入可持续发展阶段后，主发起行可以与其他股东按照有利于拓展特色金融服务、有利于防范金融风险、有利于完善公司治理的原则调整各自的持股比例。

●2013年7月1日，国务院办公厅发布《关于金融支持经济结构调整和转型升级的指导意见》（国办发〔2013〕67号），提出扩大民间资本进入金融业，允许发展成熟、经营稳健的村镇银行在最低持股比例要求内，调整主发起行与其他股东持股比例。尝试由民间资本发起设立自担风险的民营银行、金融租赁公司和消费金融公司等金融机构。

●2013年10月13日，甘肃永登新华村镇银行挂牌成立，这是我国成立的第1000家村镇银行。显示这类新型农村金融机构已成为服务“三农”、支持小微企业发展的金融生力军。至此，村镇银行已覆盖全国31个省份，中西部地区建有620家，占比62%。全国县域覆盖率超过50%，民间资本直接和间接持股达70%。

●2013年11月12日，党的第十八届三中全会通过《中共中央关于全面深化改革若干重大问题的决定》，提出在加强监管前提下，允许具备条件的民间资本依法发起设立中小型银行等金融机构。标志着可以成立完全民营的村镇银行。

●2014年1月19日，中央一号文件《关于全面深化农村改革加快推进农业现代化的若干意见》由新华社受权发布，提出积极发展村镇银行，逐步实现县市全覆盖，符合条件的适当调整主发起行与其他股东的持股比例。支持由社会资本发起设立服务“三农”的县域中小型银行和金融租赁公司。

●2014年3月19日，银监会发布《农村中小金融机构行政许可事项实施办法》，放宽了村镇银行在乡镇设立支行的条件，将设立支行的年限要求由开业后两年调整为半年。

资料来源：中国经济网、中国农村金融杂志以及其他网站资料

第二节　开辟资金来源渠道，推动新型农村金融机构可持续发展

一、通过股权融资增强资本实力

（一）村镇银行应根据农村经济发展的需要增加注册资本

根据《村镇银行管理暂行规定》，村镇银行最大股东或唯一股东必须是银行业金融机构。最大银行业金融机构股东持股比例不得低于村镇银行股本总额的20%（后调整为15%），单个自然人股东及关联方持股比例不得超过村镇银行股本总额的10%，单一非银行金融机构或单一非金融机构企业法人及其关联方持股比例不得超过村镇银行股本总额的10%。任何单位或个人持有村镇银行股本总额5%以上的，应当事前报经银监分局或所在城市银监局审批。这些规定显然限制了民间资本投资村镇银行的能力和积极性。因此，应放宽甚至取消银监会目前只有商业银行和农村合作银行才能作为村镇银行主发起人，且持股15%（原为20%）以上，自然人和其他单位要入股村镇银行持股比例不得超过10%的规定。只有这样，才能激发民间资本的投资热情，引导民间资本进入村镇银行。

近几年农村经济发展迅速，一些村镇银行原有的注册资本已经不能满足需要，必须及时地扩股增资。方法是可以对原有股东按照原来的持股比例发行新股，这样不会改变原有股东的持股比例，不影响其权利的比例。如果有的股东没有足够的资金增资，可适当少持有，让与其他股东。当然，如果原有股东无力增资，也可以向本社区的农民和小微企业募集股份，采取开放的心态，增强村镇银行的资本实力。

专栏6-2　天津市华明村镇银行增资扩股增强资本实力

华明村镇银行，是由东丽村镇银行迁址更名改制而来。2010年8月4日，东丽村镇银行挂牌成立，总部位于东丽新世嘉大厦。资本金起始为1亿元，主发起行寿光农村商业银行占比51%。2012年5月28日，作为天津市城乡一体化金融改革第一批试点机构的华明村镇银行成立，总部位于天津市东丽区华明镇EOD总部港A区A段，原先位于新世嘉大厦的东丽村镇银行总部变成华明村镇银行的张贵庄支行。华明村镇银行注册资本金达到5亿元，股东20家，其中寿光农村商业银行持股40%，天津市华明集团公司、天津北方创业市政工程集团有限公司、天津新华投资集团有限公司等东丽区11家民营企业和天津鼎利资产管理有限公司等9家村级经济组织持有其他股份。2013年6月，华明村镇银行以老股东同比

续表

认购的形式增资，股本总额达到 10 亿元。除华明镇设立总行外，下设张贵庄支行、军粮城支行 2 家营业网点，华明支行、无瑕支行、金钟支行 3 家新网点已筹建完成，取得监管部门批复后正式对外营业。目前有 ATM 机三台。 作为全国首家股本改革的试点村镇银行，华明村镇银行始终坚守支农扶小的使命，坚守打造百年精品银行样板店的愿景，按照“立足城乡，服务三农、服务中小企业、服务社区居民”的市场定位，充分发挥“短、易、快”的服务特点，积极构建“应变能力快捷、经营特色突出、服务管理优秀”的精品小银行。在资本扩张的基础上，存贷款业务得以迅速发展，截至 2013 年 12 月 31 日，各项资产总额 37.71 亿元，较年初增加 23.55 亿元，增幅 166.31%；各项存款余额 25.05 亿元，较年初增加 18.05 亿元，增幅 257.77%；各项贷款余额 15.00 亿元，较年初增加 9.20 亿元，增幅 158.49%；实现经营利润 5085.28 万元。 资料来源：作者调研及华明村镇银行网页

（二）贷款公司应由其投资人适当注资

贷款公司是由境内商业银行或农村合作银行全额出资的有限责任公司。由于不能吸收存款，贷款公司的营运资金只有实收资本和向投资人的借款两种。因此，根据农村经济发展和业务发展的需要，投资人应增加注册资本。

（三）农村资金互助社应增加资本实力

农村资金互助社是目前最不被公众了解的农村金融机构，要通过金融知识的普及，使农户和农村企业了解农村资金互助社的建立和运作，愿意组织起来，通过互助的形式解决资金难题。根据《农村资金互助社管理暂行规定》，在乡（镇）设立的农村资金互助社，注册资本不低于 30 万元人民币，在行政村设立的，注册资本不低于 10 万元人民币，注册资本应为实缴资本。从准入门槛看，在注册资本要求上是非常低的。但是，《暂行规定》还需有符合要求的营业场所，安全防范设施和与业务有关的其他设施，如果要达到营业场所和相关设施的要求，注册资本将被用掉一大半，可贷资金所剩无几。因此，农村资金互助社在条件允许的情况下，也应该增加注册资本，以增强资本实力。不过，《暂行规定》中为了体现农村资金互助社的合作社性质，规定单个农民或单个农村小企业向农村资金互助社入股，其持股比例不得超过农村资金互助社股金总额的 10%，超过 5% 的应经银行业监督管理机构批准。这一规定虽然有助于体现合作社的原则，能使更多的农民和农村小微企业加入到农村资金互助社，进行资金互助，但在大多数农民缺少入股资金，农村小微企业资金也不富余的情况下，无疑会使资本金的筹集变得困难。因此，应适当提高农村资金互助社单一社员的持股比例，目前看，提高到 20% 比较好，以使资金富裕的社员能够多投资，既调动他们的积极性，又解决了农村资金互助社资本金不足的难题。

（四）小额贷款公司应吸纳新股东入股

在《关于小额贷款公司试点的指导意见》中，规定小额贷款公司的组织形式为有限责任公司或股份有限公司。其中有限责任公司应由50个以下股东出资设立，而单一自然人、企业法人、其他社会组织及其关联方持有的股份，不得超过小额贷款公司注册资本总额的10%。在小额贷款公司中，有限责任公司比较多，股东人数的限制和持股比例的限制，使得小额贷款公司的注册资本难以扩大。目前，一些小额贷款公司的股东人数只有10人左右，均为相互熟悉的民营企业和自然人，在股东人数不到50人的情况下，地方政府和监管机构应辅导农民和农村小微企业积极入股，增加小额贷款公司的资金实力。小额贷款公司的原有股东也应积极吸纳新股东加入，壮大小额贷款公司。因为50人是公司法规定的有限责任公司的人数上限，不能突破。因此，提高小额贷款公司注册资本的另一个方法是提高单一股东的持股比例。作为使用自己合法资金投资小额贷款公司的自然人、企业法人、其他社会组织等，没有理由限制其多投资，毕竟人家拿自己的钱来放贷，比例限制是没有必要的。应该突破10%的持股比例限制，至少目前应提高到20%。这样，在股东人数不能突破的情况下，部分有富余资金的股东才能够追加投资，迅速提高小额贷款公司的注册资本。

二、拓展融资渠道，建立大中型金融机构向新型农村金融机构批发资金的长效机制

（一）建立大中型金融机构向新型农村金融机构批发资金的长效机制

人民银行、银监会、地方政府应该积极协调沟通，尽快建立新型农村金融机构与农业发展银行、农业银行、邮政储蓄银行、国家开发银行等金融机构的信贷资金批发机制，要求和鼓励大中型金融机构与新型农村金融机构进行信贷合作，大中型金融机构向新型农村金融机构批发资金，然后由新型农村金融机构零售资金给农户和农村小微企业。

邮政储蓄银行是在原先邮政储汇局的基础上成立的，其在农村有着众多的营业网点。它的成立有效地改善了农村资金外流的状况，保留农村资金，甚至于转移城市资金来为农村地区服务，以解决农村资金缺乏问题。虽然邮政储蓄银行在存款上是目前我国的第五大银行，但是，由于成立时间短，其农村贷款的种类和规模都是不够的，必须拓展邮政储蓄银行资金支农的新渠道。目前，邮政储蓄银行已经与农村信用社开展了大额协议存款，通过农村信用社支农。2006年6月，邮政储蓄银行与国家开发银行签订了《全面合作协议》。根据该协议，国家开发

银行将利用现有的系统帮助邮政储蓄银行放贷。2006 年 6 月 22 日，邮政储蓄银行也曾与农业发展银行签订了“协议存款合作协议”，通过协议存款形式，将资金输送给农业发展银行，以实现资金回流农村。也就是说，邮政储蓄银行已与农村信用社、农业发展银行和国家开发银行开展了合作，将资金贷给这些金融机构，然后由它们发放涉农贷款。如今，新型农村金融机构出现后，邮政储蓄银行可以利用资金优势向一些新型农村金融机构批发资金，以此支持新农村发展。新型农村金融机构中的村镇银行、小额贷款公司、资金互助社等，往往需要补充资金。村镇银行缺少分支机构，社会认知度低，不易吸收存款。小额贷款公司，由于其“只贷不存”，在贷款业务发展良好时必须要有稳定的资金来源，而监管机构只允许其找两个固定的金融机构来批发资金，作为存款业务第五大银行的邮政储蓄银行正好向其批发资金。农村资金互助社虽然允许吸收存款，但只是向社员吸收，不能向其他非社员农民和农村小微企业吸收，一般情况下依靠自有资金放贷，但其资金规模有限，在其资金不足时，邮政储蓄银行可向其提供几万至几十万元的批发资金。

农业发展银行是一家农业政策性银行，也是我国唯一的农业政策性银行，承担了大部分农业政策性业务。但是，它的分支机构只是设到县级，每个县有一个网点，20 个工作人员。可见，单单靠现有的机构和人员，农业发展银行是不能完成支农使命的。通过向新型农村金融机构批发资金，是其支农的有效途径。

农业银行是我国唯一一家全国性的农业商业银行，也是四家大型商业银行中唯一标明“农业”的银行。但是，在其商业化改革中，出现了“非农化”的倾向，撤离农村，进入城市，导致其名不副实。但在 2007 年全国金融工作会议上明确了农业银行“面向三农、整体改制、商业运作、择机上市”的改革基本思路，农业银行又回到了为农服务的正确道路上来。2008 年 10 月 12 日党的十七届三中全会通过了《中共中央关于推进农村改革发展若干重大问题的决定》，进一步提出：“坚持农业银行为农服务的方向，强化职能、落实责任，稳定和发展农村服务网络。”在中央改革方针的指导下，农业银行进行了股份制改造，成立了三农事业部。目前，农业银行是我国农村金融机构中县域机构最多、实力最强、支农经验最为丰富的金融机构，必将为农村经济发展作出更大的贡献。当然，农业银行现在的机构设置到县城以及部分的乡镇，应该是一些主要的镇，在网点上不具有支农优势。由于农业银行有着雄厚的资金，要完成支农使命，向新型农村金融机构批发资金是好的办法。

国家开发银行原为一家政策性银行，后来进行了改革，也进行了股份制改造，现在也是一家商业银行。近年来，国家开发银行一直具有支持社会主义新农村建设的意愿，但其分支机构少，有分行缺少支行。因此，通过向新型农村金融机构融资，来完成其支农意愿是一条有效途径。

积极探索小额贷款公司的资金来源方式。从新型农村金融机构来看，也就是从融入资金的一方来看，小额贷款公司最需要融入资金。从小额贷款公司的放贷进度看，资金来源将是制约小额贷款公司可持续发展的关键，如何使资金来源多元化、可持续，是小额贷款公司能否可持续发展的首要问题。根据银监会、人民银行《关于小额贷款公司试点的指导意见》，小额贷款公司的主要资金来源为股东缴纳的资本金、捐赠资金，以及来自不超过两个银行业金融机构融入资金。通过老股东增资或通过吸纳新股东入股是增资的好办法，但也不能经常使用。捐赠资金也不会经常有。融入资金应是比较好的方法，小额贷款公司要充分利用，而且向其批发资金的银行业金融机构是不超过两个，不是以前人民银行试点时规定的一个，融资更加方便。根据《指导意见》，在法律、法规规定的范围内，小额贷款公司从银行业金融机构获得融入资金的余额，不得超过资本净额的50%。对融入资金的余额的限制有利于小额贷款公司控制风险，稳健经营。但50%太少了，应当提高些，可以提高到不得超过资本净额的2倍，同时以其他监管措施配合。这样可大大提高小额贷款公司的可贷资金量，又使风险可以控制。

（二）通过社区再投资法案使农村资金用于农村

借鉴美国社区再投资法案的经验，制定农村社区再投资法，打通资金回流农村地区的渠道，减少农村资金外流，为新型农村金融机构的可持续发展提供资金方面的支持。

监管机构可以通过建立社区再投资体制等强制性制度安排，促使邮政储蓄银行、农业银行等将吸收的部分存款留在农村。这就使邮政储蓄银行等能够更为主动地向新型农村金融机构批发资金。

（三）人民银行应该对新型农村金融机构发放支农再贷款

以前人民银行对农村信用社、农业发展银行发放过大量的支农再贷款。从目前看，新型农村金融机构更为深入农村，更需要再贷款的支持。因此，人民银行应该对新型农村金融机构发放支农再贷款，主要是对村镇银行发放再贷款，作为其资金来源。

（四）拓展其他融资渠道

允许新型农村金融机构主要是村镇银行和小额贷款公司通过市场机制从同业拆借市场拆借资金，并支持新型农村金融机构通过发行债券、票据等形式进行融资。

三、把吸收存款作为资金来源的主渠道

吸收存款仍是新型农村金融机构最主要的资金来源，特别是村镇银行。村镇

银行是新生事物，由于成立时间较短，资产规模小，资金实力单薄，加上经营网点少，网点覆盖率不足，宣传力度不够，社会公众对其认知度和信任度较低。人们有钱更愿意存到农村信用社、农业银行、邮政储蓄银行等传统农村金融机构，不敢把钱存到村镇银行。这就需要村镇银行的工作人员加强宣传力度，通过深入社区，开展宣讲会，走访农户和农村小微企业，对其进行宣传，使这些潜在客户能够充分认识村镇银行，信赖它，敢于把钱存在村镇银行。当然，监管机构要支持村镇银行在符合条件的情况下尽快设立分支机构，扩大业务服务半径，壮大村镇银行发展实力。村镇银行应“沉下去”，在“三农”领域加强营销，增强资金吸附与可持续发展的能力。

农村资金互助社作为互助性质的金融组织，比村镇银行机构更小，农户对农村资金互助社的认知程度比较低，可能不愿入股。而且农村资金互助社不能吸收非社员存款，这就导致其资金更为紧张。所以，多动员社员存款非常关键，可以通过思想工作来动员存款，也要给予适当的利率来吸引社员存款。为开辟存款来源，监管机构应该适度放开非社员存款，允许吸收同村农民的存款，可以考虑允许农村资金互助社吸收其股金数量的非社员存款。

第三节　加快新型农村金融机构的产品创新和服务创新

一、人民银行等监管机构推进农村金融产品和服务方式创新的两个指导意见

针对农村地区金融需求差异大、抵押担保物缺乏等特点，党的十七届三中全会和中央一号文件，都明确提出要以加快农村金融产品和服务方式创新为突破口，进一步改进和提升农村金融综合服务水平。为落实此项政策，2008 年 10 月，人民银行、银监会联合出台了《关于加快推进农村金融产品和服务方式创新的意见》，选取中部六省和东北三省部分有基础的县（市），开展加快推进农村金融产品和服务方式创新试点。2010 年 7 月，人民银行、银监会、证监会、保监会印发了《关于全面推进农村金融产品和服务方式创新的指导意见》（以下简称《指导意见》），决定在全国范围内推进农村金融产品和服务方式创新工作。2010 年下发的《指导意见》是对 2008 年创新试点意见的发展和深化，不仅在农村金融创新所涉及的具体内容上更全面，而且指向性更明确。虽然两个指导意见是针对所有涉农金融机构提出的，但新型农村金融机构作为最贴近农户和农村小微企业

的农村微型金融机构，更应该深入理解和贯彻执行。两个推动农村金融产品和服务创新的指导意见的比较见表6－1。

表6－1　两个推动农村金融产品和服务创新的指导意见的比较

2008年：《关于加快推进农村金融产品和服务方式创新的意见》	2010年：《关于全面推进农村金融产品和服务方式创新的指导意见》
试点内容： 1. 大力推广农户小额信用贷款和农户联保贷款，扩大农户贷款覆盖面。 2. 创新贷款担保方式，扩大有效担保品范围。 3. 探索发展基于订单与保单的金融工具，提高农村信贷资源配置效率，分散农业信贷风险。 4. 在银行间市场探索发行涉农中小企业集合债券，拓宽涉农小企业的融资渠道。 5. 改进和完善农村金融服务方式，积极推进农村金融服务电子化、信息化和规范化。 6. 改进和完善农村金融服务方式，提高涉农金融服务质量和服务效率。 配套政策： 1. 综合运用多种货币政策工具，建立推进农村金融产品和服务方式创新的正向激励机制。 2. 通过银行间市场发行资产证券化产品和信用衍生产品，拓宽涉农金融机构的资金来源，分散农业贷款的信用风险。 3. 加快农村支付体系建设步伐，提高农村地区支付结算业务的便利程度。 4. 加强农村信用体系建设，改善区域金融生态。 5. 按照"宽准入、严监管"和"区别对待"的原则，完善和实施鼓励农村金融产品和服务方式创新的市场准入扶持政策。 6. 发挥财政性资金的杠杆作用，增加金融资源向农村投放的吸引力。	主要内容： 1. 大力发展农户小额信用贷款和农村微型金融，鼓励和引导金融机构通过零售、批发等多种方式着力扩大农村小额贷款投放，积极发展农户小额信用贷款和农户联保贷款。 2. 有效满足发展现代农业和扩大农村消费的资金需求。 3. 切实加强对农业农村基础设施建设的信贷支持。 4. 积极推动和做好集体林权制度改革与林业发展金融服务工作。 5. 加快推进农村金融服务方式创新。积极开展农户贷款流程再造，促进农户贷款业务流程标准化、规范化。 6. 有效扩大抵押担保范围，加强涉农信贷风险管理。 7. 充分发挥银行间债券市场在有效分散和管理农业风险方面的积极作用。 8. 加强涉农信贷与涉农保险的合作，综合发挥银保服务"三农"的功能作用。 9. 研究拓展涉农保险保单质押的范围和品种。继续探索发展吸收银行和保险公司参与的多种形式或组合方式的农村信用共同体。 10. 鼓励农产品生产经营企业进入期货市场开展套期保值业务，逐步拓展农产品期货交易品种。

资料来源：中国人民银行

二、做好农村小额贷款业务

（一）发展农村小额贷款业务的重要意义

农村小额贷款是向农户、农村工商户以及农村小微企业提供的额度较小的贷款。近年来，农村小额贷款业务工作取得了很大的进展，在缓解“三农”贷款难，支持农业增产、农民增收和农村经济发展等方面发挥了积极作用。新型农村金融机构作为小型金融机构，应以小额贷款为主要业务，更要加深对小额贷款重要意义的理解。与小额信贷20世纪末至21世纪初在我国最初开展时相比，农村经济社会发生了深刻变化，农村资金需求已逐步由简单的生产生活需求向扩大再生产、高层次消费需求转变，由零散、小额的需求向集中、大额的需求转变，由传统耕作的季节性需求向现代农业的长期性需求转变，呈现出多元化、多层次的特征，原有的农村小额贷款已经无法满足日益增长的融资需求。主动适应农村资金需求变化，大力发展农村小额贷款，是有效解决农民贷款难，支持广大农民致富奔小康，促进农村市场繁荣和城乡协调发展的迫切需要；是新型农村金融机构履行社会责任，培育新的利润增长点，提高竞争力和可持续发展能力的有效选择；是加强农村诚信建设，优化农村信用环境，抑制非法金融活动，建立良好金融秩序的重要依托。

新型农村金融机构要提高对发展农村小额贷款重要性和迫切性的认识，增强做好农村小额贷款工作的责任感和紧迫感。要进一步转换经营理念，改进工作作风，结合当地农村经济金融发展实际，切实加强农村小额贷款的营销和管理，为“三农”发展提供有力的信贷资金支持，也为自身的可持续发展打下坚实的基础。

（二）大力推广农户小额信用贷款和农户联保贷款

农户小额信用贷款和农户联保贷款是21世纪初开始由农村信用社开办的，后来许多农村金融机构都有这两种贷款方式，至今仍是小额贷款的主要形式。当时规定，对农户一般性种植和养殖业生产的资金需求，农村信用社原则上应采取小额信用贷款的方式解决，不需要抵押担保。农户小额信用贷款的具体额度，由各地信用社、县（市）联社根据当地农村经济的实际状况、农户生产经营的收入和信用社资金状况等具体确定，但总体看额度比较低。对超过农户小额信用贷款限额、借款者本人又无法提供有效抵押、担保的农户贷款，农村信用社可采取3～5户农民联保的办法，发放联保贷款。联保小组由没有直系亲属关系的农户在自愿基础上组成。新型农村金融机构应学习农村信用社的经验，开办这两种小额贷款，贷款对象不限于农户，小微企业等也可以。新型农村金融机构开办这两种小额贷款与农村信用社具有同样的优势，就是机构小、贴近农民。其中，农村资金互助社更具优势，因其贷款对象就是本社社员，非常了解。

新型农村金融机构开展这两种贷款，特别是农户小额信用贷款，应学习农村信用社的经验，也要对服务区域内的农户建立贷款档案，并根据农户的个人信誉、生产经营能力和还款记录等，对农户进行信用等级评定。根据农户的信用等级，对其核定相应的信用贷款限额，并颁发贷款证。农户需要贷款时，只要在核定的额度内，就可以凭贷款证和有效身份证件直接办理贷款，不再需要审核、批准。在授信额度内还可以采取“一次授信、分次使用、循环放贷”的方式，进一步提高贷款便利程度，简化贷款手续。这样可以提高贷款效率，节约借贷双方的交易成本。另外，地方政府应积极培育新型农村经济组织，建立现代企业制度，提高新型农村经济组织的融资能力，探索对新型农村经济组织的信用贷款。

农户联保贷款是防范贷款风险的好办法，在开展小额贷款时应以这种方式为主。联保小组由居住在新型农村金融机构服务辖区内有借款需求的借款人自愿组成，具体户数可灵活掌握，3~5户或5~10户均可。同时，将农户联保贷款移植到农村小微企业中来，开展农村商户联保贷款，农村小微企业联保贷款，探索实行最高额联保贷款。

与农户联保贷款相似的一种贷款是信用共同体贷款，由一个乡镇内，或一个县级开发区内的小微企业组成一个所谓的信用共同体，各成员之间相互提供担保，当某一企业不能按时还款时，由其他企业代为还款。这也是一种担保方式的创新，只不过联保成员由农户变成了小微企业。在发放信用共同体贷款时，可通过规范信用共同体内部的资信公开、信用评估、贷款催收等程序，完善内在激励约束机制，调动成员自我管理的积极性，促进新型农村金融机构有效降低信息采集、贷前调查、资信评估和贷后管理等成本，在有效控制和防范信贷风险的基础上扩大贷款发放。

三、支持新型金融机构创新服务农村的金融产品

在依法合规的前提下，支持新型农村金融机构探索创新符合农村实际的贷款品种。

（一）围绕农民专业合作社等新型农业经营主体的信贷需求创新金融产品

新型农村金融机构应积极构建多元化的信贷产品体系，以满足不同组织形式的新型农业经营主体的信贷资金需求。新型农业经营主体主要包括种养大

户、农民专业合作社、家庭农场以及公司化农业企业等。目前，新型农业经营主体以农民专业合作社为主，截至2014年2月底，全国共有农民专业合作社103.88万户，新型农村金融机构应努力满足不同经营范围及处于不同发展阶段的农民专业合作社信贷需求。一是对龙头企业依托型农民专业合作社，应充分发挥龙头企业带动作用，大力推广“公司+合作社+社员”的信贷模式，以龙头企业担保、订单质押和仓单融资等方式发放组合贷款，发挥供应链的集成效应。二是对能人牵头型农民专业合作社可以推广以大户和带头人为核心的联保贷款和个人经营性小额贷款。三是对于从事农机服务的农民专业合作社可重点推广大型农业机械抵押贷款。四是对于发展初期且经营前景良好的农民专业合作社，可以在充分考量合作社第一还款来源及诚信状况的基础上发放信用贷款。

（二）通过创新抵押物创新金融产品

开办农产品抵押贷款，成品及半成品抵押贷款，动产抵押贷款，渔船抵押贷款，设施棚舍及大中型农机具等农业设施设备抵押贷款。综合运用包括土地承包权、房屋所有权和宅基地使用权、林权、水面承包经营权等在内的担保措施加以支持。试办最高额抵押贷款。适当提高贷款最高抵押率，增加农户、农民专业合作社和农村小微企业的贷款额度。在双方认可的情况下，抵押物可以不进行价值评估，减轻借款人的负担，并逐步扩大免评估抵押贷款的数量。

（三）贷款与保险合作创新金融产品

与保险公司合作，开展“贷款+政策性农业保险”、“贷款+保证保险”等信贷和保险相结合的金融产品，通过农村保险业务的开展保证贷款的安全。鼓励保险公司针对农村客户开办小额贷款借款人意外伤害保险，在银保合作下提高贷款的安全性。

（四）几种创新的金融产品或信贷模式

1. “公司+农户+信贷”模式

“公司+农户”模式，是指以具有实力的加工、销售型企业为龙头，与农户在平等、自愿、互利的基础上签订经济合同，明确各自的权利和义务及违约责任，通过契约机制结成利益共同体，企业向农户提供产前、产中和产后服务，按合同规定收购农户生产的产品，建立稳定供销关系的合作模式。这里的公司指的是农业产业化龙头企业，负责给农户提供培训、编制种植计划、提供部分生产资料、资金、技术力量及基础设施建设、负责收购以及其他服务。农户则专门负责生产。

“公司+农户+信贷”模式，是以农业龙头企业和分散农户之间的紧密合作为前提，建立在龙头企业和农户的生产、销售等一系列合作基础上推出的一种信贷产品，是金融机构支持订单农业发展的主要方式。其中，根据承贷主体不同，具体分为金融机构向农户贷款、向公司贷款、向公司和农户分别贷款等不同的信贷模式。其运作机制为：龙头企业在生产之前与农户就生产、销售等各个环节签订契约；贷款的金融机构以龙头企业和农户之间的这种合作所带来的收益为依据，向农户、龙头企业提供贷款，支持农业生产并从中获益。从支农的角度看，一般指金融机构向农户提供的贷款，这种贷款由龙头企业作为保证人，增加了还款的可能。这种“公司＋农户”订单贷款模式很好地解决了农民抵押物不足的问题，打通了农民融资的一条渠道。

2.“合作社＋农户＋信贷”模式

“合作社＋农户”模式，是指农民专业合作社在搞好自身种养业的同时，与社员及周边农户签订协议，由合作社提供种苗，并按保护价格回收产品，带动村民共同发展的产业发展模式。

“合作社＋农户＋信贷”模式，是指组织农户建立农民专业合作社，形成一定规模的合作经济，以合作社为载体统一贷款。贷款可以贷给合作社，再由合作社分配给需要资金的社员；也可以直接贷给农户，但在贷款起止时间、期限上力求统一，并由合作社为农户提供保证担保。

3.“公司＋合作社＋农户＋信贷”模式

这种模式是目前订单农业发展中重要的金融支持模式。它以诚信为基础、金融为依托、合作社为平台、利益为纽带形成一个封闭链条，利用合同的形式将公司与合作社、农户联结起来，其目的是通过公司和合作社、农户签订合同，通过双方信守承诺和规避风险来追求利益的最大化。其运作方式是公司与合作社签订收购协议，合作社支持农户生产和组织产品销售。金融机构的贷款对象可以是公司、农户和合作社。信用主体增加了合作社后，也为金融机构服务产品创新增加了空间。除了在技术上指导农户提高生产技能，合作社还可以协助金融机构组织信贷回收工作，或者成为农户贷款的保证人，农户可以分别向金融机构申请贷款。通过农村经济组织的中介功能，把龙头企业的技术、销售优势和农户的生产优势融合在一起，为龙头企业与农户的双赢架起桥梁。

4.“公司＋农业保险＋农户＋信贷”模式

这种模式的运作方式为：一是由公司供应订单基地农户种子、化肥、农药、幼禽畜、饲料等铺底生产资料，并负责回收产品，按市场行情定价，实行优质优价，扣回铺底生产资料款后，余款当日结清。二是实施准强制保险。政府把农业产业化扶持资金、农业风险补助资金与农业保险紧密结合起来，把是否参保作为享受各类政策性扶持的重要前提条件。三是农业保险与农业信贷紧密结合。四是农户人身保险与涉农信贷相结合。金融机构把农户是否参保作为信贷支持的一个前提条件，并对参保户在合理范围内实行利率优惠、贷款条件简化等待遇，把农业保险与信贷紧密结合起来。

5.“五位一体”的综合服务方式

由龙头企业与农户签订购销合同，金融机构负责提供贷款，保险公司承保，保险费由当地政府和农户双方按一定比例支付。此种信贷产品涉及金融机构、农户、龙头企业、保险公司和政府五个主体的参与。

6. 订单农业质押贷款

订单农业质押贷款是金融机构向农户发放的以订单农业购销合同的收款权为质押担保的贷款。贷款对象为年纯收入在2万元以上的种养殖大户；贷款期限与订单农业合同期限匹配，一般为三个月、六个月、一年等短期流动资金贷款；贷款额度每笔原则上不超过订单农业合同金额的70%。

四、支持新型农村金融机构的金融服务创新

积极推动新型农村金融机构改善农村金融服务，提升农村金融服务水平。地方政府和监管机构要引导和支持新型农村金融机构再造农村金融服务流程，创新特色农村金融服务模式。

新型农村金融机构应立足农村，立足当地，采取“具体村镇特色具体分析”的手段，适应当地经济发展，因地制宜办出特色，创新金融服务特色。新型农村金融机构应发挥自身的地缘与人缘优势，深入农户和农村小微企业进行调查、沟通，了解客户的真正需求，不断提高服务质量，赢得广大群众的信任和支持，树立良好的社会形象。要多渠道、全方位的做好宣传工作，让社会各阶层、各部门了解在农村地区设立新型金融机构的意义、目的与经营特色以及提供支农惠农的业务种类，不断提升知名度。

新型农村金融机构可借鉴农村信用社服务经验，建立农户经济档案、进行评级授信、颁发贷款证、创建信用村及信用乡镇，开辟小额农贷的“绿色通道”，简化贷款手续；通过采取农户客户经理、信贷员包村服务和“贷款+技术”等方式，大力推动信贷服务方式创新。

每个信贷员要负责3~5个村的信贷工作，每个村建立服务站，要有一个信用代办员，以拉近新型农村金融机构和农村客户的距离。信用代办员属于兼职金融服务人员，负责协助新型农村金融机构做好对本村组内客户的信贷管理和服务，还负责给当地农民进行技术指导等，其人选是村内威信高、能力强、有责任

心和有经济实力而且没有不良记录的农民，也可以是村班子中符合上述条件的干部。具体工作有担任本村信用评定小组的成员或副组长，收集农户和农村企业的贷款需求、择优推荐借款人，协助贷前调查和监督贷款的使用，此外还有送信息、送科技，帮助农产品销售等。

村镇银行可以借助其发起行的声誉、信贷模式扩大自身的影响力，部分村镇银行可与发起行进行银行卡业务、通存通兑业务，有效缓解村镇银行网点少的局面。

地方政府和监管机构应继续鼓励支持涉农金融机构探索适合“三农”需求的金融服务模式。比如，新型农村金融机构的服务对象是农户和农村小微企业，可以借鉴德国 IPC 微贷技术发放小额贷款。目前，包商银行等已经引入了该项技术，在其发起设立的村镇银行推广，天津市农村商业银行也引入了该项技术，也在其发起设立的村镇银行推广。该技术由德国国际项目咨询公司（以下简称 IPC 公司）设计推广，IPC 公司是一家专门为以微小企业贷款业务为主的银行提供一体化咨询服务（即传统的咨询服务与承担项目实施的管理责任相结合）的公司。经过多年的发展，该公司在小企业贷款技术上形成了一套特色鲜明、行之有效的办法，并且在对外技术输出中取得了良好的效果。IPC 公司信贷技术的核心，是评估客户偿还贷款的能力。主要从三个方面评估：一是考察借款人偿还贷款的能力，其流程主要是信贷员通过实地调查，了解客户生产、营销、资金运转等状况，自行编制财务报表，分析客户的还款能力，为发放贷款的整体决策提供信息。微小企业的财务数据不作为评估业主偿还能力的重要指标。二是衡量借款人偿还贷款的意愿，对此 IPC 公司会首先评估客户个人的信用状况，具体衡量其包括个人声誉、信用历史、贷款申请的整体情况和所处的社会环境。然后，要求提供严格的抵押品，以降低客户的道德风险。此外，对还款积极的客户给予激励，包括可能得到更大金额和更优惠条件的贷款以及获得长久性的融资途径等。三是银行内部操作风险的控制，IPC 公司强调内部制度的建设，重视建立微小企业和商业银行之间的关系，努力实现微小贷款的商业化，并且成为银行整体战略的一部分。同时，着重建立和实施简洁有效的微小贷款处理程序，降低交易成本。

另外，为合作银行培养各个层次必要的能力，在一个清晰的组织结构下分配责任，引入有效的激励机制，并保证良好的公司治理。其中，对客户经理的激励和约束机制是 IPC 公司技术制度建设的重要内容，也是整个 IPC 公司信贷技术最有特色、最为成功的地方。本着“以人为本”的管理理念，IPC 公司帮助合作银行建立了稳定的、劳动密集型的客户经理制度，也培养了一定数量的、具有较高素质的信贷员。通过责任追究制度，信贷员对一笔贷款的全过程负责，其收入也直接跟信贷业绩挂钩。这就促使信贷员既要非常关注贷款的规模又要高度重视资产的质量，必须通过“频繁地访问”客户来获取大量的“软信息”，严格地监控客户以降低违约贷款率。

村镇银行应加快电子化建设，提高服务质量。在全辖所有行政村开通网上银行、电话银行，在人口多的行政村设置自动取款机，以丰富农村金融市场服务品种，使农民享受到多种优质、方便的服务，满足广大农民多层次、多元化的金融需求。

第四节　创新担保方式，提高新型农村金融机构的贷款能力

一、创新保证方式，完善信用担保体系

（一）建立多层次的融资担保机构

保证是指主合同当事人以外的第三人向主债权人承诺，当债务人不履行债务时，由其按照约定履行债务或者承担责任的一种担保方式。在保证法律关系中，以自己的资信向债权人作保证的担保人称为保证人。我国《担保法》第7条明确规定：“具有代为清偿债务能力的法人、其他组织或者公民，可以作保证人”。可见，具有代为清偿债务能力是对保证人资格的最低要求，保证如果没有相应的财产作后盾，其保证是空谈。

由担保公司作为保证人提供担保是比较常见的方式。当前，我国采取政策性担保、商业担保和互助担保相结合、相互补充的模式。在20世纪末，是以政府为主体的政策性担保为主体，商业担保和互助担保起辅助作用。但是，政策性担保往往难以深入农村。近年来，商业性的融资担保公司雨后春笋般地发展起来，对解决小微企业融资发挥了重要作用。不过，融资担保公司也有不能深入农村的问题。因此政府要合理引导民间资本，充分利用民间投资为农户和农村小微企业的发展服务，组建多层次农户和农村小微企业融资担保机构，通过多种方式促进融资担保机构对农户和农村小微企业的融资提供担保。

如何发挥商业性融资担保公司的支农作用？一是通过政策引导，支持县域融资担保公司对农户、农民专业合作社和农村小微企业的贷款提供担保。二是通过降低准入标准等优惠措施，新设一批根植于乡镇的融资担保公司，或者让在县城

的法人机构将分支机构设到乡镇，使它们能够直接服务三农。

在县域内，支持依托具备法人资格的农村行业协会组建行业性担保公司、一定区域内的若干小微企业组建互助性担保公司。互助担保机构优势在于：一是担保审批人和担保申请人相互了解，缓解了信息不对称的危机；二是互助性担保为组织内部的相互监督，提高了监督的有效性；三是处于劣势的农村小微企业通过互助性担保联系起来，在和银行谈判时能争取到较有利的条件；四是充分发挥民间资本效用，减轻政府财政资金压力。总之，鼓励互助担保的发展，提升了农村小微企业自身的融资能力，使其处于主体地位，充分利用小微企业间互助来解决其自身的融资问题，达到合作共赢的目的。

在一些行政村，可试点村级融资担保基金，为农户借款提供担保。村级融资担保基金是指以村委会为单位设立的，以村民出资为主，县、乡、村三级注资和社会捐资为辅，为出资村（居）民在金融机构获得贷款提供担保服务的一种半公益性基金。村级融资担保基金工作由各乡（镇）人民政府牵头，组织、规范村级融资担保业务范围，决定村级融资担保基金的成立与撤销；负责村级融资担保基金业务管理、指导与检查，引导农户加入村级融资担保基金，并承担村级融资担保基金所担保业务的相关法律责任。以连城县为例，村级融资担保基金开办资金最低为50万元，资金来源由县、乡（镇）两级政府各出资10万元，开办资金应全额存入金融机构实行专户管理，在村级融资担保基金业务存续期间不得支取。村（居）民自愿加入村级融资担保基金，最低出资额1万元（含1万元），最高不超过2万元。村级融资担保基金实行“封闭运行、动态管理”的管理模式。封闭运行：担保基金仅用于为本村（社区）加入基金的村（居）民贷款提供担保，其所担保的贷款尚未清偿之前不得解散或用于其他支出。动态管理：本村（社区）的村（居）民自愿出资参加担保基金的资金，自缴存之日起一年内不得支取，存满一年后尚未取得贷款或未担保贷款的村（居）民可按自愿原则退出基金，并获得相应的存款利息。村级融资担保基金合作金融机构为本县所辖范围内的各县级金融机构及其下属营业网点。各金融机构发放的村级融资担保贷款，应重点满足农户发展种养业以及农副产品生产、加工、销售等贷款需求；确有资金规模节余的，可满足农村基础设施建设、农村居住环境改善等贷款需求。担保基金对外担保贷款的总额度最高不超过基金总额的五倍，在业务开办前6个月内不超过3倍。村级融资担保基金对单个农户担保贷款额度最高不超过其加入基金份额的5倍，若基金运行良好，经合作金融机构考核同意，基金担保贷款额度可放大到10倍。单笔担保贷款最高额不超过10万元，村（居）民贷款额度按其出资额确定。

专栏6-3　村级融资担保基金实例

沙县高桥镇官庄村村民徐道平外出经营沙县小吃缺少资金，让他开心的是，村级担保基金帮了他大忙。2012年8月6日，通过官庄村村级担保基金为他担保，徐道平顺利地向镇农村信用社贷到一笔10万元的款项。

长期以来，许多农民由于缺乏有效的抵押物，贷款难、贷款成本高、贷款额度低等难题一直困扰着他们，贷款难成为制约农业农村经济发展的瓶颈。2011年12月，沙县被确定为国家农村金融制度改革试验区后，大胆创新，于2012年5月底，选择经济较为活跃的高桥镇官庄村、高桥村和青州镇涌溪村作为试点村，推广村级村民融资担保基金。

该基金主要采取以农户自愿入股为主，县、乡、村财政出资为辅的筹资形式，为本村村民的贷款融资提供担保服务。入股该基金的农户到农村金融机构提出借款申请后，农村金融机构根据农户的信用等级评定资料和入股金额的多少，确定农户申请贷款额度，按入股金额2至5倍的额度为农户发放贷款，单户最大贷款担保金额可达10万元。

截止2013年11月末，全县共设立53个村级融资担保基金，覆盖面达31%，加入基金农户1696户，基金规模3822万元，累计为1562户农户提供担保贷款1亿3391万元，有效提高了农民的贷款效率，降低了贷款利率和担保风险，为农民发展农业生产和自主创业注入了活力。

资料来源：乐德声．沙县率先在全省推行村级融资担保基金．东南网，2012年08月21日

（二）新型农村金融机构应积极与融资担保机构协作

新型农村金融机构，主要是村镇银行与小额贷款公司，应积极与融资担保机构协作，成为融资担保机构的协作金融机构。融资担保机构与协作金融机构应签订协作合同，明确保证责任形式、担保资金的放大倍数、责任分担比例、资信评估标准等内容。协作合同要报省市主管部门和同级人民银行备案。

由于新型农村金融机构比大银行有更强的向农村小微企业和农户提供贷款的倾向，因此，融资担保机构可以考虑更多地选择新型农村金融机构作为协作金融机构，以此鼓励其向农户和农村小微企业贷款。

（三）积极开展自然人保证的贷款

对农户贷款，还可采取自然人担保的方式，在农村居住的教师、公务员以及企业职工都可以作为保证人，一些富裕农户也可以作为保证人。

二、创新贷款抵押担保方式，丰富可抵押财产

目前，各省级政府主导的担保方式创新试点正在进行，新型农村金融机构应配合开办相应的抵押贷款产品。各地要研究推进农村集体建设用地、农民宅基地、农民房产、承包土地经营权、林权、生产设施等确权发证工作。研究探索农

村集体建设用地使用权、宅基地使用权、承包土地经营权、林权、渔权、生产设施等抵押融资管理办法和相关配套政策。促使农民手中的资源能够转化为金融部门认可的、可流转的信用手段。

国土资源、住房和城乡建设、农业、海洋与渔业等部门要加强与金融机构的协调配合，探索农村土地使用权、农村房屋、水域滩涂使用权等涉农贷款担保抵押资产的评估、登记、流转和处置方式。

创新贷款抵押担保方式，不仅是对《担保法》《物权法》和《土地管理法》的创新和突破，而且涉及相关配套政策的设计和落实。目前各地纷纷出台了促进农村抵押贷款融资的实施意见，比如重庆市人民政府办公厅早在 2011 年 1 月就针对开展农村土地承包经营权、居民房屋和林权抵押贷款提出了实施意见；天津市人民政府办公厅也于 2014 年 3 月出台了关于开展农村土地承包经营权林权农业设施等确权登记和抵押融资工作的意见。如果把农村土地承包经营权、居民房屋所有权、林权和农业设施所有权简称为“四权”的话，则农村“四权”抵押贷款业务创新应注意以下要点。

（一）开展农村土地承包经营权、居民房屋所有权、林权和农业设施所有权等的确权登记工作

1. 加快推进农村土地承包经营权确权登记工作

按照中央统一部署，全面开展农村土地承包经营权确权登记颁证工作，将农户承包地块、面积、承包合同、承包经营权证书全面落实到户，建立健全土地承包经营权登记制度。积极探索流转土地的登记颁证工作，县级人民政府依申请对流转土地的期限、面积、位置等予以登记颁证。建立农村承包土地信息化管理系统，实施长期化、动态化管理。

农村土地承包经营权确权登记颁证工作要在保持现有土地承包关系稳定的前提下进行，因地制宜，紧密结合村情、民情，尊重历史，照顾现实，充分尊重农民意愿，严格按照法律法规规定的登记内容、程序开展工作，依靠群众妥善处理各类具体问题。

2. 加快推进农村居民房屋所有权以及宅基地使用权的确权登记颁证工作

由县级国土房管局负责对农村居民的房屋以及占用的宅基地颁发所有权证书和使用权证书。

3. 继续开展林权确权登记工作

根据《中共中央国务院关于全面推进集体林权制度改革的意见》（中发〔2008〕10 号）和《国家林业局关于进一步加强和规范林权登记发证管理工作的通知》（林资发〔2007〕33 号）及各省的有关要求，县级人民政府要继续深化集

体林权制度改革。林权权利人向所在县级林业行政主管部门申请林权登记，经审核符合要求的，由县级人民政府依法发放林权证或林木所有权证。

4. 开展农业设施确权登记工作

为发挥农业设施在农业增效、农民增收中的积极作用，畅通农业设施融资渠道，县级人民政府应积极开展农业设施确权登记工作。农业设施所有权人按照自愿原则，向所在县级农业行政主管部门申请农业设施确权登记，经审核符合要求的，由区县农业行政主管部门依法发放农业设施权属证书。

（二）积极开展农村土地承包经营权、居民房屋所有权、林权和农业设施所有权等的抵押融资工作

1. 开展农村土地承包经营权、居民房屋所有权、林权和农业设施所有权等的抵押贷款工作

在做好农村“四权”等确权登记工作的基础上，本着先易后难、由点带面、服务“三农”、风险可控的原则，稳步推进农村“四权”等抵押贷款工作。各金融机构和具有贷款功能的法人机构根据自身实际，结合农村“四权”等抵押贷款特点，加强金融产品创新，优化贷款审核程序，提高贷款审核效率，完善内部控制机制，对符合条件的客户优先提供融资服务。

新型农村金融机构在发放此类贷款时要明确贷款对象及用途。农村“四权”抵押贷款对象主要是当地的农户、农村小微企业及农民专业合作社等新型农业经营主体。贷款主要用于发展种植业、养殖业、林业、渔业、农副产品加工、流通等农业产业化项目以及满足农业产前、产中、产后服务支农资金需求。

为了便利贷款的发放，减轻借款人的负担，新型农村金融机构应简化农村“四权”的评估程序。贷款金额在100万元以内的，其抵押物价值认定原则上不需要专业评估机构评估，可由借贷双方协商确定；贷款金额高于100万元的，可委托有资质的专业评估机构评估，评估费按照最低标准执行；贷款金额高于100万元，且抵押物价值高出贷款金额很多的，也应免除评估程序，因为在这种情况下，贷款的安全性是有保障的。当然，简化农村“四权”的评估程序，只是在大家都能知道抵押物价值多少的情况下进行的，比如，借贷双方都知道并认可某一抵押物的价值，此时再去评估就没有必要了。

虽然有抵押物，但在发放农村“四权”抵押贷款前还应做好风险评估。一是借款人信用评估。借款人应资信良好、遵纪守法。二是产业项目效益评估。使用贷款的农业产业项目应有较好效益，保证第一还款来源充足。只有把款项贷放给优质的借款人，而且其经营的项目效益好，贷款才能按期收回，否则，处理抵押物还是比较麻烦的。

对于农村“四权”抵押贷款，新型农村金融机构要加快贷款的审批，尽快办理贷款的发放手续。新型农村金融机构要认真梳理流程，提高工作效率，在贷款资料齐全的情况下，从调查到审批，原则上不超过7个工作日。

由于是抵押贷款，贷款的安全性比较高，所以利率应该降低一些，可比同等条件下的信用贷款优惠5%～10%。

2. 加强农村土地承包经营权、居民房屋所有权、林权和农业设施所有权等抵押登记管理工作

农村土地承包经营权、居民房屋所有权、林权和农业设施所有权等抵押登记应在所在地的县级农业、国土房管和林业行政主管部门办理，公示抵押物权属状态。为减轻借款人负担，对抵押登记费进行减免或按最低标准收取。对未依法取得权属证明或国家规定不得抵押的其他权利不予登记。

标的物权属查询是各金融机构和其他权利人办理农村土地承包经营权、居民房屋所有权、林权、农业设施所有权等抵押业务的必要程序。

3. 建立农村土地承包经营权、居民房屋所有权、林权和农业设施所有权等抵押融资工作保障制度

成立省级农业投资担保有限公司，建立农村“四权”等抵押贷款贴息、贷款担保补贴和风险补偿制度。成立省级农业资产管理公司，对农村“四权”等抵押贷款可能产生的不良资产进行管理和处置，化解金融风险。农村“四权”抵押物在处置时应首先在本集体经济组织内进行转让，如本集体经济组织内无法处置，农业资产管理公司可以对有关抵押物进行收购或流转。

（三）农村“四权”抵押贷款中涉及关键问题

1. 抵押物变现问题

虽然目前很多地区试点创新了不少可供抵押的财产，但抵押物能否顺利变现仍然决定着试点能不能成功。抵押权实现的方式是折价、拍卖和变卖。折价不动产给银行，银行在2年内也必须卖出，所以在实现抵押权时最好的办法是把抵押物出售，银行优先受偿。目前农村正在创新可抵押财产，抵押物流转市场还不发达。因此研究抵押物的流转问题与抵押物创新同等重要。时下为了促进农村金融发展的新产品处于开发阶段，比如水域滩涂养殖权、林权、土地承包权、宅基地使用权等可抵押产品，这些产品需要有抵押品市场存在才能开展。在天津市，组建了天津农村产权交易所有限公司，该公司是经天津市人民政府批准设立，由天津市农委、宝坻区人民政府、天津产权交易中心共同出资组建的国有全资股份制企业，注册资金为2000万元。农村产权交易所的成立结束了天津市长期缺少农村产权交易所的历史。其经营范围包括：提供农村土地承包经营权、水资源使用权、大型农用设施租赁权、农业技术及科技成果转让交易服务；提供农村集体和农业生产领域相关企业股权托管及转让交易服务；农产品交易市场管理与服务；履行政府批准的其他交易项目和产权交易鉴证。因此当前天津能开展土地承包权抵押业务，走在了农村金融创新的前列。

抵押物流转不能完全依靠产权交易所，如能在本县，或是本乡镇，甚至是本村能够流转最好。比如土地承包权，如果转让给本地人，耕作起来更方便一些。而且农民用耕地抵押，不能还款时银行实现抵押权不应该永远剥夺农民的承包权，而应根据借款额的多少，用3~5年或更长时间的承包经营权的交换价值来实现抵押权，受让人取得这几年的土地承包权。到期后，仍然由原承包人继续承包。如果抵押人在抵押权人实现抵押权后永远失去土地，则他们就不愿意用土地抵押，这一担保方式创新就失去了意义。

农民房屋所有权和宅基地使用权抵押也存在需要解决的问题。首先是抵押人的资格问题。各地在抵押融资管理办法中，一般要求“提供抵押人拥有其他适当居住场所和稳定生活来源的书面证明材料”，这里考虑了抵押权实现后抵押人可能无处居住的问题。但是，农村成年男子一般只给一处宅基地，只能盖一处住房，“其他适当居住场所”一般是没有的。除非是城乡结合部的农村，城市征地建楼和城镇化使每户拥有多套楼房，但这样的农民很少需要借款。而多数农村地区每户还是只有一处房屋的，这就使得如果严格按照规定去办，农民没有多余的房屋用于抵押，这一创新就没有了意义。其次是受让人的资格问题。如前所述，农村每个男子成年后，村里批给一处宅基地，也就是每一个小家庭只能拥有一套住房，不允许拥有第二套，那么银行实现抵押权时卖给谁？不能卖给本村的，因为本村的男子成年后村里会无偿划拨给他一块宅基地，他没必要自己花钱买；如果他已经有了宅基地，他又无权购买。能不能卖给外村的，当然是也不能，外村人也不具有受让资格，因为宅基地只能给本村男子。卖给城里人就更不行了，目前国家打击小产权房，城里人连小产权房都不许购买，更别说农村的一般住房了。所以，转让给谁也是一个难点问题。这里需要突破的难题可能比修改《担保法》《物权法》和《土地管理法》更难。

新型农村金融机构都是小型金融机构，比农村信用社还要小，一旦有几笔抵押贷款不能按时收回，也不能顺利实现抵押权，必定会出现流动性不足的问题，陷入困境。

2. 抵押权实现后抵押人的保障问题

采用土地使用权、房屋所有权和宅基地使用权抵押的，在抵押权实现后，就涉及农民失地问题和失去居住场所问题，有可能给他们未来的生活带来大的影响。这就需要政府在制度设计时周全考虑，对这些农民提供相应的保障，比如帮助联系就业的地方，帮助他们寻找廉租房等。以此消除消极影响，避免不稳定因素的出现。

第五节　加强风险控制能力，促进新型农村金融机构健康发展

一、建立有效的监督制衡机制

新型农村金融机构自身机构规模小，其目标客户农户和农村小微企业的贷款具有分散、小额度、高频率等特点，业务较为简单。因此，结合机构自身和目标客户的特征，简化业务流程和管理流程，精简设置职能部门，可以降低成本、提高效率。正是由于新型农村金融机构的决策管理相对简单、业务规模小，因此通常设置简洁而灵活的组织机构。比如，村镇银行、小额贷款公司可只设立董事会，行使决策和监督职能，不用设立股东会和监事会。农村资金互助社可以设立理事会，也可以不设立理事会，但是必须坚持社员民主管理的原则，互助社的方针和重大事项由社员参与决定。但为了防范风险，还是应建立有效的监督制衡机制。不设监事会的，可以由小股东作为监督人员，也可以委派监督人员，甚至可聘请外部机构行使监督检查职能。监管人员要加强对新型农村金融机构高级管理层履职行为的约束，防止出现内部人控制，进而违规发放贷款，造成信贷资产风险加大的情况。

二、加强培训，提高员工业务能力

新型农村金融机构地处偏远的农村，机构小，名气不大，有可能工资也比较低，难以招聘到高素质人才。因此，加强员工培训成为降低操作风险的有效方式。第一，鼓励员工参加银行业从业人员资格考试，新型农村金融机构可以自己组织培训班，聘请金融专业教师授课，提高考试的通过率，监管部门要对机构从业人员定期进行资格认证检查，达不到相关要求的不允许上岗。第二，监管机构定期组织辖内新型农村金融机构的人员进行相关知识培训，提高从业人员的整体素质，丰富从业人员的业务处理经验，防范操作性风险的发生。第三，新型农村金融机构内部也要定期组织人员培训，丰富从业人员的业务处理经验，提高员工的整体素质，防范操作性风险的发生。

三、科学确定客户的授信额度

当前，小额信贷存在着大额化的倾向，以追求高额的利润，几百万元也可以叫作小额贷款。新型农村金融机构自然也愿意发放这种大额度的小额贷款，这就增加了风险控制的难度。因此，各机构有必要根据客户的收入状况和信誉度，结合机构自身的风险防范能力，合理地确定授信额度。不要过于追求大额的贷款。

小额贷款的好处是可以分散风险，达到安全性的要求。在满足合理贷款需求的情况下，分散、小额的做法，可以支持更多的农户、农民专业合作社和农村小微企业。在确定贷款额度时，一定要注意客户的项目中自有资本的比例，不能大多数资金来源于借款，否则对借款人没有约束力，增加了借款人冒险经营的可能性，也增加了收回贷款的难度。

根据新型农村金融机构管理的有关规定，四类机构在发放贷款时都应坚持小额、分散的原则，以分散风险。村镇银行发放贷款应坚持小额、分散的原则，提高贷款覆盖面，防止贷款过度集中。村镇银行对同一借款人的贷款余额不得超过资本净额的5%；对单一集团企业客户的授信余额不得超过资本净额的10%。贷款公司发放贷款应当坚持小额、分散的原则，提高贷款覆盖面，防止贷款过度集中。贷款公司对同一借款人的贷款余额不得超过资本净额的10%；对单一集团企业客户的授信余额不得超过资本净额的15%。农村资金互助社应审慎经营，严格进行风险管理，由于其资本净额比较低，所以规定对单一社员的贷款总额不得超过资本净额的15%；对单一农村小企业社员及其关联企业社员、单一农民社员及其在同一户口簿上的其他社员贷款总额不得超过资本净额的20%；对前十大户贷款总额不得超过资本净额的50%。小额贷款公司发放贷款，应坚持“小额、分散”的原则，鼓励小额贷款公司面向农户和微型企业提供信贷服务，着力扩大客户数量和服务覆盖面。同一借款人的贷款余额不得超过小额贷款公司资本净额的5%。

从以上规定可以看出，制度设计都注意了新型农村金融机构作为微型金融机构的特点，村镇银行和小额贷款公司都规定了对同一借款人的贷款余额不得超过资本净额的5%，而不像商业银行那样可以达到10%。这种规定既能分散风险，也对支农支小有好处。但是，2010年银监会《关于加快发展新型农村金融机构有关事宜的通知》中，调整了针对村镇银行的有关政策。提出为解决村镇银行资本额度小、贷款集中度比例偏低、不能有效满足中小企业信贷需求问题，将村镇银行对同一借款人的贷款余额由不得超过资本净额的5%调整为10%，对单一集团企业客户的授信余额由不得超过资本净额的10%调整为15%。经过这次调整，村镇银行与商业银行就一样了，贷款大额化不利于分散风险，也会使村镇银行走上非农化的道路。因此，为了使村镇银行不偏离制度设计之初的宗旨，还应该坚持对同一借款人的贷款余额不得超过资本净额的5%；对单一集团企业客户的授信余额不得超过资本净额的10%的规定。

信用贷款适用于小额度贷款，在额度比较大时，应该采用担保贷款，而且最好是采用抵押贷款。建立信用评级机制，对客户进行全面的信息了解，在此基础上对客户进行评级，划分信用等级，依此进行贷款，等级高的可以发放信用贷款。当然现在可以利用人民银行的信用评级系统进行查询，有些数据不全的，还需要新型农村金融机构自己来评定。

四、计提贷款损失准备金，提高抗风险能力

新型农村金融机构特别是村镇银行要建立审慎规范的资产分类制度和拨备制度，按照贷款五级分类标准准确进行资产分类，充分计提损失准备金，以全面覆盖风险。

第六节　加强对新型农村金融机构的监管

一、对新型农村金融机构的贷款投向进行监管

设立新型农村金融机构是为了支持三农的，新型农村金融机构也应该是支持三农的。因此，各监管机构应加强对新型农村金融机构贷款投向的监管，要求其把贷款主要投向农户、农村小微企业以及其他涉农项目上，积极助推农民专业合作社发展，确保涉农信贷资金投入实体经济。

根据银监会要求，银行业金融机构要确保实现涉农贷款增量不低于上年、增速不低于各项贷款平均增速。新型农村金融机构除坚持这两个“不低于”外，还应在农户贷款、农业贷款、农村小微企业贷款方面达到其贷款总量的一定比例。村镇银行要立足农村，坚持支农方向不变。小额贷款公司设在县域的，其涉农贷款要达到70%，农户、农民专业合作社、小微企业贷款要达到50%以上，改变小额贷款公司脱离三农的现状。贷款公司、农村资金互助社也要有相应的比例指标，促进三农贷款的发放。

二、对新型农村金融机构采取不同的风险监管策略

新型农村金融机构经营规模小，成立时间短，抗风险能力弱，为保证新型农

村金融机构稳健发展，各监管机构要根据实际，合理配置监管资源，切实采取有针对性的措施，加强对新型农村金融机构的指导、服务和监管，同时对主发起人要实施并表监管，对大股东要强化责任监管，促进新型农村金融机构又好又快发展。

（一）加强对村镇银行的监管

对于村镇银行，监管部门要按照审慎监管要求进行持续、动态监管，加强风险的监管。监管内容包括资本充足率、资产质量、风险管理、内部控制、风险集中、关联交易等方面，使其扎实做好涉农信贷风险防范。

1. 严格市场准入监管

银行业监管机构要积极支持符合条件的银行业金融机构到农村地区设立村镇银行，认真做好村镇银行的市场准入监管工作，并结合当地经济金融发展环境、农村金融服务状况和金融监管资源配置情况，合理确定村镇银行设立地域和数量的计划，确保按照商业银行可持续原则有序推进村镇银行组建工作。

2. 加强业务范围监管

监管机构应严格要求村镇银行牢固树立服务县域、服务“三农”的宗旨，禁止村镇银行跨县（市）发放贷款和吸收存款。

3. 加强对村镇银行资本及其充足率监管

监管机构要督促村镇银行建立资本约束、评估、补充和纠正机制，鼓励村镇银行持有高于最低资本充足率要求的资本。银行业监管机构要设置资本充足率“预警线”，当村镇银行的资本充足率接近预警值时，要及时提示，督促村镇银行启动资本补充和控制风险资产机制，防止资本充足率下降到8%以下。根据巴塞尔协议 III 和银监会 2013 年 1 月 1 日起施行《商业银行资本管理办法（试行）》，商业银行总资本包括核心一级资本、其他一级资本和二级资本。（1）核心一级资本充足率不得低于5%。（2）一级资本充足率不得低于6%。（3）资本充足率不得低于8%。此外，商业银行应当在最低资本要求的基础上计提储备资本。储备资本要求为风险加权资产的2.5%，由核心一级资本来满足。特定情况下，商业银行应当在最低资本要求和储备资本要求之上计提逆周期资本。逆周期资本要求为风险加权资产的0～2.5%，由核心一级资本来满足。也就是说对于资本充足率的要求，2013 年以后是增加了，而且增加的比较多，特别是以普通股为主的核心一级资本增加很多。而附属资本的要求在比率上减少了，能够充当附属资本的工具也减少了，即以前能够充当附属资本的，按照新的办法不能充当了。村镇银行实质上是小型商业银行，需要比照商业银行实施审慎监管，自然也要按照银监会新的要求，将资本充足率进一步提高。

4. 加强对村镇银行法人治理模式的监管

村镇银行应按照"股东参与、简化形式、运行科学、治理有效"原则，因地制宜建立市场导向、职责明确、制衡有效的公司治理模式，建立与村镇银行业务性质、规模及复杂程度相适应的内部控制制度，并实行由利益相关者派驻专职人员或聘用资质较高的社会中介机构对村镇银行行使监督检查职能，建立向属地监管机构举报制度。同时，要求充分发挥持股银行的作用，派遣合格人员到村镇银行担任董事、实施合并报表审计、指导村镇银行制定发展战略，并提供培训和管理等方面的技术援助。

5. 加强对村镇银行信用风险、流动性风险和操作风险的监管

村镇银行要着重防范信用风险、流动性风险和操作风险。村镇银行应汲取城市信用社、农村基金会等经验教训，坚持小额、分散的原则，努力防范信贷集中度风险。要与持股银行建立流动性风险管理支持机制，确保持股银行对村镇银行必要的流动性支持，充分发挥持股银行在村镇银行流动性风险处置上的协防作用。要严格执行银监会防范操作风险的有关规定，严防账外经营等操作风险。

6. 加强对村镇银行的持续监管

要建立和完善对村镇银行的持续监管制度，设立主监管员和非现场监管统计制度，创新适合村镇银行特点的现场检查，积极探索借助社会中介机构对村镇银行实施现场检查。

7. 根据风险程度采取不同的监管措施

根据村镇银行今后可能面临风险的严重程度，把风险初步分为日常风险、支付性风险和高风险（清偿性风险）等三种类型。对日常风险，要求按照资本充足和不良贷款状况进行分类，采取差别监管措施，并积极引导进行以市场原则为基础的重组。对突发性支付风险，要在地方政府主导下，建立银监会、人民银行和控股银行的联合处置机制。对高风险机构，按照"严监管"要求进行处置，并依法撤销符合市场退出条件的村镇银行。

总之，对部分资本充足率低、不良贷款率高的机构，以及部分存在流动性压力的村镇银行，要加强流动性风险监测，严格控制业务扩张，防止出现挤兑事件。以上措施是结合村镇银行小法人机构特点，实施"严监管"的重要体现，对于促进村镇银行可持续发展，提高银行业监管机构监管能力，推进县域经济发展和社会主义新农村建设具有重要的作用。当然，要不断完善符合村镇银行业务特点的差别化监管政策，在主要监管指标监测考核方面适当提高涉农贷款风险容忍度，实行适度宽松的市场准入、弹性存贷比政策。

（二）对贷款公司进行非审慎的监管

贷款公司属于单一股东的有限责任公司，机构简单，一些问题可以由其母银行负责。监管机构可以会同其母银行对其贷款投向、贷款分散度进行监管，也要关注一下其业务特征和真实利率水平。所以，贷款公司可以采取非审慎监管的办法。

（三）在农村资金互助社正常运营后可以非审慎监管

在农村资金互助社设立初期，由于其工作人员缺少金融知识和正规的培训，监管机构应该强化对其日常指导和监管，使农村资金互助社能够尽快的正常营业，合规经营。在农村资金互助社运营一两年后，由于其经营的资金来自于社员的入股和存款，没有吸收外来资金，可以采取非审慎监管的策略。除要求其贷款投向为三农、贷款利率不能为高利贷等方面外，可以不对其进行审慎监管。以节约有限的监管资源。

（四）小额贷款公司也可进行非审慎监管

对于小额贷款公司，主要以自有资本来经营，没有吸收存款。虽然可以融入金融机构的资金，但占比少，风险可以控制在一定范围内。因此，可以采取非审慎监管的策略。除要求其贷款投向为三农、贷款利率不能为高利贷、不能非法集资等方面外，可以不对其进行审慎监管。

第七节　加大对新型农村金融机构的政策扶持力度

一、加大财税政策扶持力度

（一）加大财政支持力度

目前，为支持新型农村金融机构可持续发展，促进农村金融服务体系建设，财政部建立了定向费用补贴制度。财政部对符合规定条件的新型农村金融机构，按上年贷款平均余额给予一定比例的财政补贴。具体办法是：财政部对上年贷款平均余额同比增长，且达到银监会监管指标要求的贷款公司和农村资金互助社，上年贷款平均余额同比增长、上年末存贷比高于50%且达到银监会监管指标要求的村镇银行，按其上年贷款平均余额的2%给予补贴。补贴资金由中央财政承担。补贴资金作为农村金融机构当年收入核算。

中央财政新型农村金融机构定向费用补贴制度对于每年支农贷款都有增长的机构，无疑是获取了很大的利益空间，因为我国存贷款利率差是3个百分点，

2%的补贴可以在很大程度上解决新型农村金融机构刚刚成立时盈利性不强的问题。相对于其他金融机构的涉农贷款，该制度相当优惠，财政部门仅对县域金融机构，即新型农村金融机构外的其他县域金融机构，按上年涉农贷款平均余额同比增长超过15%的部分，按2%的比例给予奖励。且对上年末不良贷款率同比上升的县域金融机构，不予奖励。所以，补贴制度对于新型农村金融机构相当优厚，应坚持下去，在一定时间内不能取消。

当然，小额贷款公司没有享受到这一优惠政策，这是由于小额贷款公司最初没有被列入新型农村金融机构，没有银监会发放的金融牌照。而且，众多的小额贷款公司设在了市区。为了支持鼓励小额贷款公司将更多的资金用于三农，对于在县域设置的小额贷款公司，发放的贷款达到涉农贷款监管指标的，其贷款也要给予相同的补贴政策。

（二）给予税收优惠政策

给予新型农村金融机构提供更多税收优惠政策。对初创阶段的新型农村金融机构，可以在五年内免征营业税和所得税。营业满五年后的新型农村金融机构，可以执行较低的营业税率和所得税税率。

自2009年1月1日至2013年12月31日，为支持农村金融发展，解决农民贷款难问题，财政部和国家税务总局就农村金融有关税收政策发文：对金融机构农户小额贷款的利息收入，免征营业税。对金融机构农户小额贷款的利息收入在计算应纳税所得额时，按90%计入收入总额。对农村信用社、村镇银行、农村资金互助社、由银行业机构全资发起设立的贷款公司、法人机构所在地在县（含县级市、区、旗）及县以下地区的农村合作银行和农村商业银行的金融保险业收入减按3%的税率征收营业税。其中，农户小额贷款，是指单笔且该户贷款余额总额在5万元以下（含5万元）的贷款。该政策强调了对农户小额贷款的支持，营业税全免，所得税减收，在支持新型农村金融机构支农支小方面发挥了积极作用，但五年的期限已经过了，应该适当延长政策期限。

同样的问题是，没有给小额贷款公司优惠。为了从制度上激励小额贷款公司发放涉农贷款，需要承认县域小额贷款公司的农村金融机构地位。对其发放的农户小额贷款，按照村镇银行等三类机构的税率收取税款。

（三）给予涉农贷款和中小企业贷款损失准备金税前扣除政策

2009年，财政部、国家税务总局发布通知，就金融企业涉农贷款和中小企业贷款损失准备金税前扣除政策作出规定，对其涉农贷款和中小企业贷款进行风险分类后，按照以下比例计提的贷款损失专项准备金，准予在计算应纳税所得额时扣除：①关注类贷款，计提比例为2%；②次级类贷款，计提比例为25%；

③可疑类贷款，计提比例为50%；④损失类贷款，计提比例为100%。涉农贷款包括农户贷款和农村企业及各类组织贷款。中小企业贷款，是指金融企业对年销售额和资产总额均不超过2亿元的企业的贷款。该政策有利于金融企业积累贷款损失准备金，减轻税收负担，对于新型农村金融机构这些规模小、新成立的金融企业来说，意义更大，更有利于积累资金，壮大实力，更好地为三农服务。该政策目前延长至2013年12月31日，应该继续延长。

二、加大货币金融政策扶持力度

（一）应该进一步降低新型农村金融机构执行的存款准备金率

2008年，人民银行和银监会联合发布《关于村镇银行、贷款公司、农村资金互助社、小额贷款公司有关政策的通知》，《通知》中规定，现阶段，农村资金互助社暂不向中国人民银行交存存款准备金，村镇银行的存款准备金率比照当地农村信用社实行差别存款准备金率。此规定有利于村镇银行在目前存款准备金率较高的情况下，少缴准备金，更多发放支农贷款，也可以降低资金成本。

2010年人民银行和银监会联合印发《关于鼓励县域法人金融机构将新增存款一定比例用于当地贷款的考核办法（试行）》，办法规定县域法人金融机构中可贷资金与当地贷款同时增加且年度新增当地贷款占年度新增可贷资金比例大于70%（含）的，或可贷资金减少而当地贷款增加的，考核为达标县域法人金融机构。年度新增可贷资金是年度新增存款扣减年度应缴法定存款准备金变动额，再按75%的存贷比减算后，所能用于发放贷款的最高资金额度。达标县域法人金融机构，存款准备金率按低于同类金融机构正常标准1个百分点执行。达标且财务健康的县域法人金融机构，可按其新增贷款的一定比例申请再贷款，并享受优惠利率。达标县域法人金融机构，监管部门优先批准其新设分支机构和开办新业务的申请。此办法从降低存款准备金率和增加再贷款等多方面对县域金融机构给予支持，说明了监管机构对三农支持的决心。新型农村金融机构基本上都是县域法人金融机构，而目前农村合作性金融机构只有农村信用社为县域法人机构，农村商业银行和农村合作银行基本都是地区级以上的机构，所以，这一政策主要是对新型农村金融机构的，新型农村金融机构应充分利用这些优惠政策。

（二）更加市场化的存贷款利率政策

新型农村金融机构的利率市场化程度比较高，经批准吸收存款的机构，其存款利率实行上限管理，贷款利率实行下限管理。其上下限的划定要比大中型银行业金融机构更加市场化，以利于吸收存款，通过贷款覆盖成本并赚取利润。2013年，贷款利率全部实现了市场化，四类新型农村金融机构应建立健全利率定价机制，按照贷款定价原则自主确定贷款利率，并且符合司法部门的相关要求，不能发放高利贷。

目前，存款利率仍然处于管制状态，利率只能上浮10%，由此造成了村镇银行、农村资金互助社在存款竞争中的不利地位。虽然商业银行存款利率也上浮10%，而且各家银行都已一浮到顶。但商业银行在吸收存款方面具有竞争性，一是商业银行名气大、信誉好、客户比较认可，特别是大型商业银行和股份制商业银行；二是各家商业银行基本上都开发了理财产品，其利率比储蓄存款高出几个百分点，人们在存款利率偏低的情况下，很愿意购买理财产品，商业银行靠这种办法吸收部分存款，而村镇银行、农村资金互助社目前还没有理财产品。由于村镇银行规模小、社会认可度低，吸收存款比较困难，而农村资金互助社只能吸收社员存款，资金来源受到限制。因此，为了增加这两类机构的存款，在利率管理上，人民银行应该适当放宽村镇银行和农村资金互助社的存款上限，比如放宽到上浮30%，提高这两类机构的吸收存款能力。

（三）再贷款政策应向新型农村金融机构倾斜

以前人民银行对农村信用社和农业发展银行都发放过大量的支农再贷款，支持其摆脱困境，更好地支持三农。今后应不断改进和完善支农再贷款政策，将一部分再贷款贷给新型农村金融机构，更好地发挥支农再贷款的作用。

在2010年人民银行和银监会联合印发《关于鼓励县域法人金融机构将新增存款一定比例用于当地贷款的考核办法（试行）》中规定，达标且财务健康的县域法人金融机构，可按其新增贷款的一定比例申请再贷款，并享受优惠利率。其中所称的“县域法人金融机构”，特指法人在县域的存款类金融机构。事实上，法人在县及县以下的，只有村镇银行、农村资金互助社和农村信用社，这里不包括农村商业银行和农村合作银行。可见，这一再贷款政策的受益者多为新型农村金融机构。这一办法对县域法人金融机构总行（社）进行整体考核，适用范围为中部地区的山西、安徽、江西、河南、湖北和湖南，西部地区的内蒙古、广西、重庆、四川、贵州、云南、陕西、甘肃、青海、宁夏和新疆，东北地区的辽宁、吉林和黑龙江等20个省（区、市）全部辖区，以及东部地区的国家扶贫开发工作重点县和省级扶贫开发工作重点县。

（四）尽快加入支付清算系统

加入支付清算系统，可以使新型农村金融机构开展代理客户结算等中间业务，可以更好地为三农服务，也使其对客户更具有吸引力。当前，具备条件的四类机构可以按照中国人民银行有关规定加入人民币银行结算账户管理系统和联网核查公民身份信息系统。其中，符合条件的村镇银行可以按照中国人民银行的有关规定申请加入大额支付系统、小额支付系统和支票影像交换系统。贷款公司、农村资金互助社和小额贷款公司可自主选择银行业金融机构开立存款账户，并委托存款银行代理支付结算业务。关键的是，人民银行和银监会要加强辅导，引导新型农村金融机构加入支付清算系统，提高其业务能力。

第七章　推进相关配套改革，优化新型农村金融机构的经营环境

加快农村信用体系建设，改善农村金融生态环境；建立存款保险制度，提高新型农村金融机构的存款竞争力；加快发展农业保险，提高新型农村金融机构贷款的安全性；发挥地方政府在推动新型农村金融机构发展中的作用。

从21世纪初，在人民银行的主导下各地开展了以农户信息共享与农户信用评价为基础的农村信用体系建设，通过开展信用户、信用村、信用乡镇创建活动，改善了农村信用环境。近年来，人民银行积极推进全国统一的征信体系建设，基本建成全国集中统一的企业和个人信用信息基础数据库，全国统一的征信体系已覆盖农村地区。农村信用体系建设对于树立借款人诚实守信意识、降低贷前调查成本、提高贷款发放效率、优化新型农村金融机构的经营环境具有重要作用。存款保险制度可以保护存款人利益、维护金融秩序稳定，也对新型农村金融机构这样的小型机构吸收存款有利。存款保险机构还有一定的金融监管权力，通过对新型农村金融机构的财务状况进行检查等方式，及时监督、发现其存在的问题，并提出整改意见，从而发挥其监管的职能，促进新型农村金融机构合规、稳健经营。政策性农业保险的开展，使借款人能够在出现自然灾害时也能偿还贷款，提高了新型农村金融机构贷款的安全性。地方政府在推动新型农村金融机构发展方面有着重要作用。特别是在改善地方金融生态环境，维护金融稳定，以及鼓励各类新型农村金融服务机构扩大试点等方面，地方政府的作用更是不可或缺。

第一节　加快农村信用体系建设，改善农村金融生态环境

一、在人民银行的主导下加快农村信用体系建设

征信是指依法收集、整理、保存、加工自然人、法人及其他组织的信用信息，并对外提供信用报告、信用评估、信用信息咨询等服务，帮助客户判断、控制信用风险，进行信用管理的活动。近年来，人民银行积极推进全国统一征信体系建设，基本建成全国集中统一的企业和个人信用信息基础数据库，全国统一的征信体系已覆盖农村地区。

早在21世纪初，为支持农村信用社小额信用贷款业务发展和促进农村信用环境改善，在人民银行的主导下，各地积极开展以农户信息共享与农户信用评价为基础的农村信用体系建设，通过开展信用户、信用村、信用乡镇创建活动，改善农村信用环境，引导农村信用社增加对农户的小额信用贷款和联保贷款。

2009年，人民银行发布《关于推进农村信用体系建设工作的指导意见》，我国农村信用体系建设走上了规范发展的道路。人民银行协调相关部门，通过建设农村信用体系试验区、建立农户电子信用档案、开展农户信用评价、开展“信用户、信用村、信用乡镇”创建活动等形式推进农村信用体系建设。截至2012年底，全国共为1.48亿农户建立了信用档案，并对其中9784万农户进行了信用评定。

最近，人民银行结合“管理征信业，推进建立社会信用体系”的职责，又以小微企业、农户等经济主体为对象，开展了小微企业和农村信用体系建设工作。以信用信息的征集、评价和应用为主线，构建以信用信息服务为基础、信用增进和政策支持为支撑的服务平台，有效地支持了小微企业和农户融资，改善了地方金融生态环境，促进了普惠金融发展。截至2013年底，人民银行推动共为243万户小微企业和1.51亿农户建立了信用档案。

当前，针对农村的企业和个人征信系统要与信用户、信用村、信用乡镇建设相结合，并积极开展信用升级和金融生态环境优化活动，促进经济金融的良性循环。同时，将农村小微企业、农民专业合作社的信息纳入企业征信系统。完善农村小微企业、农民专业合作社、个人信用信息数据库，提升与优化诚信的农村金融生态环境。充分利用企业和个人征信系统，加快构建农村信用信息平台，实现信息共享。

农村信用体系建设在改善农村信用环境、创新农村信用管理方面取得显著成效。一是农村居民信用意识明显提高，农村信用环境不断改善。二是提高了金融机构信贷决策速度，加大了金融支农力度，农村地区有效贷款需求进一步得到满足。三是创新农村社会管理，改善了农村社会风气。

农村信用体系建设涉及面广，任务艰巨，是一项长期的工作。今后，要在人民银行的推动下，进一步调动地方政府部门、涉农金融机构、农村小微企业、农民专业合作社和农户等各方参与的积极性，做好完善信用信息征集体系、建立信用评价机制、健全信息通报与应用制度等工作。农村信用体系建设要以健全信用信息征集体系、完善信用评级（评分）和信息发布与应用制度为工作目标。同时，进一步完善政策措施要将农村信用体系建设与完善“三农”金融服务有机结合起来，加大基于信用体系建设的金融产品和服务方式创新，改进和完善“三农”金融服务，支持农村经济健康发展。

二、新型农村金融机构加入征信系统参与农村信用体系建设

随着经济市场化程度的加深，加快企业和个人征信体系建设已成为社会共识。2003 年，国务院赋予人民银行“管理信贷征信业，推动建立社会信用体系”的职责，由人民银行征信管理局具体承担这方面的工作。经过近几年的努力，人民银行牵头建设的全国统一的企业和个人信用信息基础数据库（以下简称企业和个人征信系统）已经取得了初步成效。

企业征信系统于 2006 年上半年实现全国联网运行，个人征信系统于 2006 年 1 月正式运行。目前，企业和个人征信系统的信息来源主要是商业银行等金融机构，收录的信息包括企业和个人的基本信息、在金融机构的借款、担保等信贷信息，以及企业主要财务指标。自企业和个人征信系统建设以来，人民银行一直都在与相关部门积极协商，扩大数据采集范围，提升系统功能。扩大后的征信系统除了主要收录企业和个人的信贷信息外，还收录了企业和个人基本身份信息、民事案件强制执行信息、缴纳各类社会保障费用和住房公积金信息、已公告的欠税信息、缴纳电信等公共事业费用信息、个人学历信息以及会计师（律师）事务所、注册会计师（律师）等对公众利益有影响的特殊职业从业人员的基本职业信息。企业和个人征信系统采集到上述信息后，按数据主体（即企业和个人）对数据进行匹配、整理和保存，即：将属于同一个企业和个人的所有信息整合在其名下，形成该企业或个人的信用档案，并在金融机构查询时生成信用报告。

企业和个人征信系统采集上述信息的目的首先是帮助商业银行核实客户身份，从信贷活动的源头杜绝信贷欺诈、保证信贷交易的合法性；其次是全面反映企业和个人的信用状况，帮助商业银行确定是否提供贷款及贷款金额大小、利率高低等因素，以及奖励守信者，惩戒失信者；再次是利用企业和个人征信系统遍布全国各地的网络及其对企业和个人信贷交易等重大经济活动的影响，提高法院、税务、工商、海关等政府部门的行政执法力度；最后是通过企业和个人征信系统的约束性和影响力，培养和提高企业和个人遵守法律、尊重规则、尊重合同、恪守信用的意识，提高社会诚信水平，建设和谐美好的社会。

目前，企业和个人征信系统数据的直接使用者包括商业银行、数据主体本人以及司法部门。新型农村金融机构应该尽早加入这两个数据库，在报送借款人信息的同时，查询申请贷款的客户信息。根据有关政策，具备条件的村镇银行、贷款公司、农村资金互助社和小额贷款公司可以申请加入企业和个人信用信息基础数据库。根据“先建立制度、先报送数据、后开通查询用户”的原则，四类新

型农村金融机构接入企业和个人信用信息基础数据库的，应按照中国人民银行的有关规定制定相应的管理制度和操作规程，定期报送相关数据并合规查询和使用查询结果，并接受中国人民银行的监督管理。

加入征信系统后，新型农村金融机构可以定期向企业和个人征信系统报送数据，也可根据有关规定向企业和个人征信系统实时查询农村小微企业和农户的信用报告。截至2013年底，征信系统共有243万户小微企业和1.51亿农户的信用档案。在近年来的农村信用体系建设中，作为农村金融的主力军，农村信用社、农村合作银行和农村商业银行发挥了重要作用，新型农村金融机构可以利用这些信息，用于甄别借款人，提高贷款的发放效率。今后，新型农村金融机构应在农村信用体系建设中发挥自己的作用，认真采集有关数据，并应对农村信用主体进行宣传，提高其诚实守信的意识。信用环境的改善，可以使新型金融机构发放更多的信用贷款，简化信贷审批手续。同时，对担保贷款的发放也有一定的推动作用。

三、丽水市推进农村信用体系建设的经验

（一）丽水市农村信用体系建设的实施情况

2012年5月17日，人民银行、浙江省人民政府联合印发《关于在浙江省丽水市开展农村金融改革试点工作的通知》，决定在浙江省丽水市开展农村金融改革试点工作，并同意实施《丽水市农村金融改革试点总体方案》。试点的目标是，建立一个多层次、低成本、覆盖广，适度竞争和商业运作的现代农村金融服务体系，到“十二五”末，把丽水建成全国农村金融改革的先行区、金融创新的示范区、金融发展的繁荣区、金融生态的优质区和金融运行的安全区。其实，早在丽水市成为农村金融改革试验区之前，其在开展农户林权抵押贷款、农村信用体系建设和银行卡助农取款服务等方面就取得了一定成效。其中，农村信用体系建设始于2009年，2009年3月11日，丽水市人民政府发布《关于推进农村信用体系建设进一步改善金融支农工作的实施意见》，具体部署了以农村信用等级评价工作为主的实施意见。2009年，在全市范围内开展农村信用等级评价和综合授信工作，在此基础上，开展信用村、信用乡（镇）创建工作，并建立全市统一的农户信用信息管理平台，为金融机构开展信贷业务提供信息支持。为加强对全市农村信用等级评价工作的组织领导，成立丽水市农村信用体系建设领导小组，并在市人民银行设立领导小组办公室，具体负责对全市农村信用等级评价工作的组织协调和指导督促。各县（市、区）政府也要成立相应的组织机构，切实加强对辖区农村信用等级评价工作的组织领导，在全市形成统一领导、分级负

责、上下联动的工作格局。

（二）丽水市农村信用体系建设的实施内容

1. 统一评价标准，规范信用管理

由市人民银行制定农村信用等级评价管理办法，统一评价标准，规范评价程序，严格评价管理。评价结果报县（市、区）农村信用体系建设领导小组审查后，由各县（市、区）农村信用体系建设领导小组对获得相应信用等级的农户进行命名，并颁发《信用证》。在此基础上，深入开展信用村、信用乡（镇）创建活动，信用村、信用乡（镇）评定标准由市人民银行制定。各县（市、区）农村信用合作联社（农村合作银行）负责向当地人民银行推荐，经当地人民银行审核，并报经县（市、区）农村信用体系建设领导小组审查同意后，信用村由各县（市、区）农村信用体系建设领导小组命名和授牌。信用乡（镇）报经市农村信用体系建设领导小组审查同意后予以命名和授牌。

2. 建立征信平台，实现信息共享

市人民银行作为全市信贷征信业务主管部门，负责建立全市统一的农户信用信息管理平台，将农户的基本信息、信用等级、贷款授信以及不良记录等内容纳入信用信息库统一管理，及时更新。各涉农金融机构要把查询农户的信用信息作为发放农户贷款的必要环节，简化贷款调查程序，提高贷款发放效率，充分发挥农户信用信息平台在防范贷款风险和促进农村信用建设中的作用。

3. 明确评级主体，分区域组织实施

由各县（市、区）组织金融等相关部门、各乡（镇）政府开展农村信用等级评价和信用村、信用乡（镇）创建工作，以行政村为单位成立农村信用评价小组，专门负责对村农户的信用信息采集和信用等级评价工作。农村信用社（农村合作银行）要根据农户信用评价情况，建立完善的农户信用档案，并向当地人民银行提供农户相关信用信息。

4. 改善授信管理，提高服务水平

各涉农金融机构要结合农户信用等级评价结果，进一步完善贷款授信管理。根据农户的信用等级、资产状况、贷款需求以及金融机构自身资金实力等情况，对其核定相应的贷款综合授信额度。综合授信额度应包含小额信用贷款、林权（房产）抵押贷款、农户保证（联保）贷款的额度。并采取“一次核定、随用随贷、余额控制、周转使用”的管理办法，简化贷款手续，提高贷款效率。对于小额信用贷款，在核定的信用贷款限额内，不需要提供保证、抵押，凭《信用证》和有效身份证件就可以到贷款授信机构的营业网点直接办理贷款，不需贷前调查和层层审批。对农户贷款需求额度超过其核定的小额信用贷款限额的，可采取林权证或农房房产证抵押的方式，在贷款综合授信额度以内，农户以其拥有的森林资源资产或房产提供最高额抵押，可以一次性办理抵押登记手续，三年有效，随用随贷、余额控制、循环使用，最大限度地满足农户的贷款需求。对贷款需求额度超过小额信用贷款限额，借款人又不能提供有效抵押物的，金融机构可以采取农户保证（联保）的方式予以解决。

5. 落实配套政策，促进持续发展

各涉农金融机构对信用户、信用村、信用乡（镇）应制定相应的贷款优惠政策，实行贷款优先、额度放宽、手续简便、利率优惠。对低收入农户贷款和单笔金额2万元以内的林权抵押贷款执行基准利率，由当地财政给予基准利率50%的贴息。

第二节　建立存款保险制度，提高新型农村金融机构的存款竞争力

一、存款保险制度概述

存款保险制度是指一国或一个地区在金融体系中设立存款保险机构，强制地或自愿地吸收银行或其他金融机构缴存的保险费，建立存款保险准备金，一旦投保人遭受风险事故，由存款保险机构向投保人提供财务救援或直接向存款人支付部分或全部存款的制度，从而保护存款人利益，维护银行信用，稳定金融秩序的一种制度。

存款保险的关系人是保险人、投保人和被保险人、受益人等。保险人即为存款保险机构，一般称为存款保险公司。存款保险公司多数为官办的机构，其资金由政府提供或政府进行后备支持；也有由商业银行或银行业协会建立和管理的存款保险机构，即民办的存款保险机构；或由政府和银行界共同创建和管理的存款保险机构，即官民合办的存款保险机构。从存款保险机构的性质来看，应该属于政策性金融机构，它以保护存款人利益、维护金融稳定为目的。因此，存款保险业务不能由商业保险公司承担，商业保险公司是以盈利为目的企业，无法充当存款保险的营运主体。投保人和被保险人，是存款保险的承保对象，大多数实施存款保险制度的国家对保险对象的确定都以“领土论”为基础原则。按照这一原则，存款保险的对象应包括本国的全部银行，有些国家将吸收存款的非银行金融机构也包括在内，有的也包括外国银行在本国的分支及附属机构。受益人，在投

保的银行破产时，存款人成为存款保险制度的受益人。

存款保险基金是存款保险机构履行职责、发挥作用的物质基础。存款保险基金的主要来源是各投保银行缴纳的保险费，此外还包括资本金、投资收入以及处置破产银行的收入等。存款保险基金是一种专门用于补偿存款人因金融机构倒闭遭受损失的货币形态的后备基金。它主要是由各投保金融机构共同出资形成的，任何一家投保机构倒闭所造成的存款损失，都由其他金融机构共同分担。

从存款保险制度的理论基础来看，它能有效地保护弱小存款人的利益，并且在一定程度上防止银行挤兑，从而维护银行业的稳定。鉴于存款保险制度的这一功能，国际上一般将存款保险制度与中央银行的最后贷款人职能和金融监管当局的审慎监管统称为维护金融稳定的“三大法宝”，共同组成银行系统的“安全网”。根据国际存款保险机构协会的统计，自从1934年美国建立起世界上第一个存款保险系统以来，截止到2007年，全世界已有95个国家和地区建立了存款保险制度。目前，在国际货币基金组织188个成员国中，已经建立了存款保险制度的国家和地区达到了111个；金融稳定理事会拥有24个成员国，除了中国、沙特和南非外，其他21个国家都已经建立了存款保险制度。

二、存款保险制度的基本特征

（一）主体关系的有偿性和互助性

从存款保险主体之间的关系看，一方面保险人与被保险人之间是有偿的，即只有在投保银行按规定缴纳保险费后，才能得到保险人的资金援助，或倒闭时存款人才能得到赔偿；另一方面被保险人之间又是互助的。即存款保险是通过众多的投保银行互助共济实现的，如果只有少数银行投保，则保险基金规模小，难以承担银行破产时对存款人给予赔偿的责任。

（二）时期的有限性

存款保险只对在保险有效期间倒闭银行的存款给予赔偿，而未参加存款保险，或已终止保险关系的银行的存款一般不受保护。

（三）有限补偿

存款保险是保险机构向存款人提供的一种经济保障，一旦投保银行倒闭，存款保险机构须向存款人赔偿。因此，存款保险公司必须通过精算较为准确地计算出合理的保障率，使得存款保险公司有能力担负存款赔付的责任。一般各国存款保险机构都设定存款保险限额，限额以内全额赔偿，超过部分不赔，或按比例赔。这有利于存款人慎重选择银行，也有利于银行谨慎经营。

（四）机构的垄断性

无论是官方的、民间的，还是合办的存款保险机构都不同于商业保险公司，其经营的目的不是为了盈利，而是通过存款保护建立一种保障机制，提高存款人对银行业的信心。因此，存款保险机构具有政策性金融机构的性质，一般具有垄断性。

三、存款保险制度的功能

（一）维护金融秩序稳定，避免或化解金融危机

存款保险制度可以通过对存款人利益的保护，防止其对问题银行的挤兑。假如没有存款保险制度，一家银行出现问题时，会引起存款者的恐慌，而这种恐慌具有传染性，为了存款不受损失，存款人会挤兑问题银行的存款，加速问题银行的破产。同时还会产生连锁反应，殃及经营状况良好的银行，好银行也可能被挤兑，从而可能导致一大批银行的破产。建立存款保险制度，则可以为整个商业银行系统设立一道安全网，在危机发生前可以采取措施预防，一旦危机发生又可以及时予以解决，安定人心，抑制挤兑，减少银行的连锁破产。以此提高商业银行体系的信誉和稳定性，促进经济发展，保障社会安定。

（二）保护存款人的利益

建立存款保险制度的一个重要目的是保护存款人的利益。银行属于负债经营的企业，其最大的债权人是广大的存款人。如果没有存款保险，一旦银行破产倒闭，受到最大损害的当然是存款人，他们对银行的破产本无责任，却要承担损失，这是不公正的。假如建立了存款保险制度，当参加存款保险的银行资金周转不灵，可以从存款保险机构取得支援，避免了破产；万一不幸破产倒闭，依存款保险合同条款，或被接收、兼并，或得到赔偿，从而保证了存款人存款的支付，存款人的存款损失就会降低到尽可能小的程度，最大限度地保护了存款人的利益，这有利于提高存款人对银行的信任度。对于大多数存款人来说，他们不可能对接受自己存款的银行或其他金融机构的信誉、实力和经营状况有较为全面的了解，作出恰当的评价。而存款保险制度可以为他们提供一定程度的投资保护。多数国家都采用确定一定的限额来限制保护范围。

（三）为中小银行提供一个公平竞争的环境

作为负债经营的企业，一家银行经营的规模和实力，在很大程度上取决于其吸收存款的量。没有存款，银行便失去了生存的条件，所以银行之间的存款竞争是非常激烈的。大银行在吸收存款的竞争中，有着得天独厚的优势。原因是大银行一般历史较为悠久，实力较为雄厚，在社会上有一定的影响，因此人们往往认为把钱存到大银行比存到小银行安全。于是，中小银行在存款竞争中处于劣势，没有存款就无法生存。而存款保险制度恰好是保护中小银行公平竞争的有效措施

之一。存款保险在一定程度上可以淡化大银行的某些优势，使存款者看到，无论将钱存入大银行还是小银行，存款保险制度对其保护的程度都是相同的，或者说安全程度是一样的。因此，提供服务的优劣，将成为争取客户存款的主要措施。可见，在存款保险制度的保护下，中小银行可以平等地加入竞争，打破少数大银行垄断的局面。

（四）加强对投保银行的监管

存款保险的目的，一方面是在必要的情况下，执行赔偿的职责；另一方面，是为了保障整个金融体系的稳定。存款保险机构为了防范投保银行的经营风险和道德风险，一般都要采取有效措施加强对投保银行的监管。目前，许多国家都赋予存款保险机构一定的金融监管权力。存款保险机构通过定期对投保银行的财务状况进行检查，审查其上报的统计报表等方式，及时监督、发现投保银行存在的问题，并提出整改意见。当投保银行经营非法、风险较大的业务时，存款保险机构可以提出警告，勒令其整改，从而发挥其监管的职能。

四、我国建立存款保险制度的必要性

长期以来，我国银行存款保障制度实际是一种国家信用，也可称之为隐性存款保险制度。在这种制度下，公众相信银行不会破产，因为由政府作为强大的后盾，即使银行可能破产，国家也会利用一切手段拯救并使之脱离破产的危险，使公众的存款利益不会受到损害。这种制度在保护公众利益、维护社会的稳定上发挥了重要的作用。然而，随着我国市场经济的发展，银行业也得到了快速的发展，伴随而来的是大量银行机构的设立，特别是众多新型农村金融机构的设立，使银行间的竞争日趋激烈。银行业的风险逐渐显现，银行出现倒闭的可能，对我国银行业的稳定造成了威胁。而以国家信用为基础的银行存款保障制度的弊端也日趋明显，因此存款保险制度的建立就显得尤为必要。

以往，我国一直没有建立存款保险制度，一旦出现问题金融机构，均由国家出面进行处置，虽然保护了存款人的利益，但却给国家财政带来了沉重的负担。而且，如果出现了大面积的危机，国家财政将是不堪重负的。因此，建立存款保险制度非常必要。2007 年初召开的全国金融工作会议已经明确要求加快建立存款保险制度，人民银行也已对开展存款保险制度问题进行了多年的调研。由人民银行和银监会牵头，相关部委参加的存款保险制度工作小组，正在进行存款保险制度实施方案的设计工作。国家有关部门也正在进行《存款保险条例》的立法工作。然而，由于 2008 年美国次贷危机后，我国政府忙于应付，使存款保险制度的建立一拖再拖。2013 年的十八届三中全会审议通过的《中共中央关于全面深化改革若干重大问题的决定》明确指出，建立存款保险制度，完善金融机构市场化退出机制。2014 年 1 月召开的中国人民银行工作会议宣布，存款保险制度各项准备工作基本就绪，这标志着讨论多年的我国存款保险制度的构建即将来临。

一个国家为保护存款人利益和维护金融秩序的稳定，设立存款保险机构，由存款机构缴纳保险费，在投保的存款机构因意外事故破产时可对存款的清偿进行金融保障。这项制度有助于抑制挤兑，维护金融体系和金融市场的稳定。近年来，尽管我国没有经历金融风险的集中和大规模爆发，但中小金融机构的经营危机乃至存款挤兑事件仍时有发生。诸如几年前的“海南发展银行”、“广东国际信托”、“中农信”等事件，就直接威胁着银行体系的稳健运行和社会的稳定。

应该说，现在我国金融机构的运营状况要好于前几年，四大商业银行已经摆脱困境。但中小型银行业金融机构数量大大增多，特别是在农村地区，农村信用社经过改革，截至 2012 年末，全国已组建农村商业银行 337 家，农村合作银行 147 家，农村信用社 1927 家。同时，近几年银监会批准成立的新型农村金融机构数量不断增多，截至 2012 年末，全国已有村镇银行 800 家，而 2013 年末已超过 1000 家。这些农村银行业金融机构普遍资本金偏少，而从事的贷款风险又较大，一旦出了问题必然影响存款人的利益和金融安全。所以，从众多农村金融机构的角度看，我国目前建立存款保险制度的必要性非常大。从农村金融的视角看，建立存款保险制度的必要性主要有以下几点：

保护广大农村储户的利益，维护银行体系的稳定。储蓄一直是中国居民首选的金融投资方式，而且在我国居民储蓄结构中，小额存款的户数占绝大多数。农村居民进行其他方式投资的更少，基本上有钱就进行储蓄。但离农民最近的金融机构基本上都是小型的，而小型的往往是稳定性差的，这是农民没法选择的。一旦小型金融机构出了问题，农民就会受到损失，也容易出现挤兑，动摇整个银行体系的稳定。建立存款保险制度，可以提高公众对银行系统的信心，保护存款人特别是大多数农村中小存款人的利益，维护其资金安全。此外，设计良好的存款保险制度，可以增强大额存款人对金融机构的风险识别和市场约束，有效防范道德风险。

建立存款保险制度，可以促进银行业的公平竞争。长期以来，我国实行隐性存款保险制度，形成了金融机构不公平竞争的市场环境。在农村，以前人们就更愿意把钱存到农业银行和邮政储蓄机构，而不愿意存到农村信用社，原因是感觉农村信用社不够安全。现在这种情况依然存在，人们还是愿意把钱存到大的金融机构，导致中小型的新型农村金融机构处于不利的竞争局面。建立存款保险制度可以在一定程度上解决这个问题。

建立存款保险制度有利于人民银行实施独立的货币政策。以往银行出现资金问题由人民银行动用再贷款手段进行救助，农村信用社和农业发展银行的资金就曾经以央行再贷款为主，其附加效应是增加了基础货币的投放，这与稳定币值的货币政策目标相矛盾。建立存款保险制度，有助于中央银行从这种“倒逼”机制中解脱出来。

存款保险制度有助于建立和完善我国金融机构的市场退出机制。建立存款保险制度的目的不是不让银行破产，而是在保护小额存款人利益的同时，促使差的金融机构有序退出金融市场，以优化金融生态环境。存款保险制度可以通过市场化的风险分担机制，在金融机构破产退出时减轻政府负担。

第三节　加快发展农业保险，提高新型农村金融机构贷款的安全性

一、农业保险及其作用

（一）农业保险的概念

农业保险有广义和狭义之分，狭义的农业保险仅指种植业和养殖业保险，也被称为两业保险，它是以农作物和饲养动物为保险对象的保险；广义的农业保险则除了种植业和养殖业保险外，还包括从事广义农业生产的劳动力及其家属的人身保险和农场上其他物质财产的保险。我国学术界和实务界目前一般采用狭义农业保险的概念，而将广义农业保险涵盖在农村保险的概念之中。本节的研究限于狭义农业保险，因此，农业保险就是农业生产者以支付小额保险费为代价，把在从事种植业和养殖业生产过程中遭受的自然灾害或意外事故所造成的损失转嫁给保险公司的一种制度安排。农业保险属于财产保险的范畴。

农业保险是一个不断发展的概念。由于农业保险以农业为对象，而农业的内涵与外延是随着人类社会的发展而不断变化的，因此不同时期、不同国家农业保险的内涵与外延也不尽相同。

（二）农业保险的作用

农业是国民经济的基础，农业保险作为财产保险的有机组成部分，是为农业生产发展服务的一种风险防范工具。农业保险在经济和社会发展中具有如下作用：

1. 减轻农业风险的威胁，提高农业经济的稳定性

当灾害发生后，及时充分的保险赔款能够使遭受灾损的农业生产得以迅速恢

复，不致因灾损而中断生产或缩小生产规模，从而促进和保持农业的稳定发展。

2. 可以减少农民因灾害导致的收入波动，安定农民生活

农民在经营农业的过程中，最怕遭遇水涝、台风、干旱和病虫害等灾害，这些经常发生的灾害会直接导致农民收入的减少，影响农民的生活。

3. 保障农业投资安全，改善农民的信贷地位和经济地位

发展现代农业，根本出路在于科学技术，而科技成果的应用不是无偿的，必须付出一定代价。在很多情况下，如果没有农业保险，农民往往会因为回避风险而放弃使用新的科学技术。有了农业保险，农民可以放心地增加农业投入。

农业的高风险往往成为农民获得贷款的障碍，也是农村金融发展的障碍。如果农民参加了农业保险，银行就愿意为农民提供贷款，因为当农民因遭受灾害而收获减少，以致不能全部或部分还本付息时，保险公司可以支付赔偿金，作为归还农民的借款之用，而且如果有特别约定，此项赔偿金额可由保险公司直接支付给放款银行。这种做法有利于农民信贷地位的改善，使农民能够更容易地获得贷款，有利于发展农业生产。

4. 可以减轻政府在灾后筹措救灾资金的负担

我国目前主要的救灾资金来源于国家财政以及发动社会支援，鼓励企业和个人募捐。发展农业保险，筹集农业保险基金，可有效地聚集社会资金应付农业风险，在一定程度上可以减轻政府的救灾负担。农业保险基金应成为救灾资金的一种主要形式。

5. 保险人防灾措施的运用具有一定的减灾作用

保险人为自身财务安全和经营稳定所采取的防灾防损措施，在客观上起到一定的减灾作用，降低和减少了农业的风险损失。

6. 在世界贸易组织框架下，是支持和保护本国农业发展的有效手段

按照世界贸易组织的规则，价格补贴等农业补贴措施将受到限制，因此，要改变我国农产品在国际市场上缺乏竞争力的现状，办法之一就是要学会许多世界贸易组织成员的做法，充分利用世界贸易组织规则，以农业保险的方式补贴农业，加强对农业的保护。

总之，农业保险是政府保护农业、稳定农村经济、安定农民生活、确保国家粮食安全，乃至促进国民经济持续、稳定、健康发展的有效工具之一，同时也是世界贸易组织框架下世界各国农业政策的运用方法。

二、我国农业保险的开展情况

农业保险属于财产保险，但它是一类比较特殊的财产保险。鉴于农业保险的特殊性，大多数国家均将其全部或部分地纳入政策性保险范围。2004 年以前，农业保险在我国开展的很不理想，如 2002 年我国农业保险总收入仅为 4.8 亿元，比 2001 年下降 20%，是自 1982 年恢复农业保险以来下滑幅度最大的一年；2003 年全国农业保险保费收入为 4.6 亿元，仅占全国财产险保费收入的 0.5%；2004 年我国农业保险出现了继续下滑的局面，保费收入仅为 3.77 亿元，占全国财产险保费收入的 0.35%，按照全国 2.3 亿农户计算，平均每户投保不到两元。随着农业保险业务的萎缩，各地经营农业保险的机构普遍被撤销。2004 年除新疆兵团财产保险公司和中国人民财产保险股份有限公司上海分公司保留了农业保险部外，其他省级分公司则先后撤销了相对独立的农业保险经营机构。原因是多年来我国由商业性保险公司办农业保险多办多赔、少办少赔、不办不赔。我国用了 23 年的时间，得出了与国际农业保险同行相同的结论：农业保险不能实行商业化运作。可见，商业性农业保险是没有出路的，应走政策性农业保险为主，互助性农业保险和商业性农业保险为辅的发展道路。

从 2004 年开始，中国保监会在全国积极开展农业保险试点工作。这一年，保监会在上海、吉林、黑龙江分别批设了安信、安华和阳光农业相互保险公司等 3 家不同经营模式的专业性农业保险公司；在江苏、四川、辽宁、新疆等省（自治区），依靠地方政府支持开展了保险公司与政府联办、为政府代办以及保险公司自营等多种形式的农业保险试点工作。2005 年 1 月—10 月，宁夏、内蒙古、湖北、云南、北京、黑龙江、四川、安徽、重庆等 9 个省（自治区）的部分地市相继开展和深化了农业保险试点。从运行看，政府补贴是发展农业保险的重要保障，经济发达地区政府补贴多，运行就比较好；经济欠发达地区，政府补贴少，运行就比较困难。

2007 年，我国中央政府开始对农业保险进行保费补贴试点，揭开了农业保险快速发展的序幕。2007 年—2011 年，我国农业保险保费收入分别是 51.84 亿元、110.7 亿元、133.9 亿元、135.7 亿元和 170 亿元，分别是 2006 年没有实施保费补贴政策时的 6.13 倍、13.09 倍、15.83 倍、16.04 倍和 20 倍。据瑞士再保险公司统计，2008 年底，我国农业保险保费收入 16 亿美元，约占全球农险保费收入的 10%，保费规模已上升至仅次于美国的全球第二位。很显然，政府补贴是我国农业保险发展的重要助推器。各级政府提供的农业保险保费补贴一般为保费的 80%，有的地方补贴比例高达 90%，这与全球保费补贴平均为 44%（如果加上管理费补贴和再保险补贴，平均是 68%）的水平相比，可以说是全球最高的。2013 年，财政部发布了《关于 2013 年度中央财政农业保险保费补贴有关事项的通知》，进一步扩大了中央财政农业保险保费补贴范围。

近几年来，我国农业保险发展迅速，承保品种已覆盖农、林、牧、渔业各方面，开办区域已覆盖所有省份。2011 年，全国农业保险共承保农作物及林木 17.19 亿亩，同比增长 148.3%，其中水稻、小麦、玉米、大豆、棉花等主要农作物承保面积 7.87 亿亩，增长 49.2%，占当年种植总面积的 40% 左右；共承保牲畜 7.3 亿头（只），增长 15.3%；参保农户 1.69 亿户次，保险总金额 6523 亿元，分别增长 20.2% 和 65.4%；支付保险赔款 89 亿元，受益农户 2283 万户次。农业保险已成为国家支农惠农政策的重要组成部分，受到广大农户的普遍欢迎。为了规范农业保险活动，保护农业保险活动当事人的合法权益，促进农业保险事业健康发展，国务院制定了《农业保险条例》，自 2013 年 3 月 1 日起施行。

《条例》规定，农业保险是指保险机构根据农业保险合同，对被保险人在种植业、林业、畜牧业和渔业生产中因保险标的遭受约定的自然灾害、意外事故、疫病、疾病等保险事故所造成的财产损失，承担赔偿保险金责任的保险活动。为使国家对农业保险的支持措施规范化、制度化，《条例》作了如下规定：一是国家支持发展多种形式的农业保险，健全政策性农业保险制度。二是对符合规定的农业保险由财政部门给予保险费补贴，并建立财政支持的农业保险大灾风险分散机制，具体办法由国务院财政部门会同国务院有关部门制定。三是鼓励地方政府采取由地方财政给予保险费补贴、建立地方财政支持的农业保险大灾风险分散机制等措施，支持发展农业保险。四是对农业保险经营依法给予税收优惠，鼓励金融机构加大对投保农业保险的农民和农业生产经营组织的信贷支持力度。

三、新型农村金融机构应积极开展对投保农业经营主体的贷款

《农业保险条例》鼓励金融机构加大对投保农业保险的农民和农业生产经营组织的信贷支持力度。在这里，信贷和农业保险相结合，能起到更好的支农作用。开展农业保险对新型农村金融机构的意义在于，农户、农民专业合作社等借款人在遭受自然灾害损失不能偿还贷款时，由于保险公司的赔偿，使借款人恢复了生产经营能力，自然也就具备了偿还贷款的能力，或者保险赔偿金直接用于偿还贷款，增加了新型农村金融机构发放贷款的安全性。除一般的农业保险外，还可以开办借款人信用保险、贷款保证保险等新的保险品种。

第四节　发挥地方政府在推动新型农村金融机构发展中的作用

一、加强诚信建设，创建良好的金融生态环境

在广大农村地区要加强诚信建设。多年来，各级地方政府在推广信用户、信用村、信用乡镇建设方面已收到良好的效果，今后还要进一步加强。应加大金融知识宣传和普及力度，提高农村小微企业和农户的信用意识。从上节丽水市农村信用体系建设的例子可以看出，在由人民银行推动、多方支持农村信用体系建设中，政府的领导作用是巨大的，丽水市政府发布了《关于推进农村信用体系建设进一步改善金融支农工作的实施意见》，成立丽水市农村信用体系建设领导小组，在县级也成立了相应的组织机构，乡镇政府也参与进来，在全市形成统一领导、分级负责、上下联动的工作格局。农户的信用评价还要发挥行政村的作用，行政村虽然不是一级政府，但发挥了最基层政府的作用。在乡镇政府、人民银行以及涉农金融机构的指导下，以行政村为单位成立农村信用评价小组，专门负责对村农户的信用信息采集和信用等级评价工作。

地方政府在征信宣传、诚信教育方面也发挥着重要作用。宣传教育活动需要人民银行的推动，也需要地方政府的领导和参与。各级地方政府要增强诚信教育意识，推动宣传教育工作进乡村、进校园，对农户、农民专业合作社、农村小微企业进行诚实守信教育，对农村中小学生进行教育，发挥他们对家长守信用的监督作用。地方政府还可以推动新闻媒体宣传农村信用体系建设的情况，宣传典型，发挥守信用的农村小微企业和农户的先进示范作用，增强农村信用主体的信用意识，改善农村信用环境。

地方政府在维护市场秩序和完善法治环境等方面大有可为，要坚决制止和打击逃废金融债务行为，依法维护新型农村金融机构的合法权益。

二、做好服务，寓管理于服务之中

根据《关于小额贷款公司试点的指导意见》（银监发［2008］23号）的要求，试点成立的小额贷款公司，由省级政府明确一个主管部门负责对小额贷款公司的监督管理，并承担风险处置责任。因此，地方政府对于推动小额贷款公司这类对增加农村金融服务供给有积极意义的新型机构发展起着至关重要的作用。目

前，省级政府成立的小额贷款公司的主管部门一般称为金融办，它是小额贷款公司的监管机构，负责小额贷款公司市场准入、治理结构、内部制度、日常业务、风险准备制度、信息披露等方面的监管。

三、维护金融稳定，严厉打击非法集资

维护金融和社会稳定是地方政府的重要职责，也是金融业健康发展的必要保障。地方政府应制定金融稳定工作预案，配合监管部门做好金融风险处置工作，并统一组织有关部门防范和处置村镇银行、小额贷款公司等机构的金融风险；规范民间金融，严厉打击非法集资等金融犯罪行为。

参考文献

[1] 姚耀军. 中国农村金融发展水平及其金融结构分析 [J]. 中国软科学, 2004 (11): 36-41.

[2] 董晓林, 杨小丽. 农村金融市场结构与中小企业信贷可获性 [J]. 中国农村经济, 2011 (5): 82-92.

[3] 温涛, 冉光和, 熊德平. 中国金融发展与农民收入增长 [J]. 经济研究, 2005 (9): 30-43.

[4] 邢早忠. 小额贷款公司可持续发展问题研究 [J]. 上海金融, 2009 (11): 5-11.

[5] 梁志宏. 农村金融体制改革思路 [J]. 金融理论与实践, 2002 (3).

[6] 刘仁伍. 重构海南农村金融体系的思考 [J]. 南方金融, 2006 (4).

[7] 姜柏林. 资金互助破解农村金融改革难题 [J]. 银行家, 2006 (9).

[8] 何广文. 农村金融机构多元化的路径选择 [J]. 中国改革, 2007 (7).

[9] 石丹林. 村镇银行: 农村金融体制改革的新突破 [J]. 武汉金融, 2007 (1).

[10] 夏良圣, 蔡晶晶. 小额贷款公司: 现状、困境与出路 [J]. 上海金融, 2009 (9): 78-81.

[11] 王洪斌. 后危机时期农村经济金融可持续发展中的热点问题研究 [J]. 华北金融, 2011 (5).

[12] 孙若梅. 中国农村小额信贷的实践和政策思考 [J]. 财贸经济, 2000 (7).

[13] 王玮, 何广文. 社区规范与农村资金互助社运行机制研究 [J]. 农业经济问题, 2008 (9): 23-28.

[14] 陈曙莲. 推进新型农村金融组织发展, 拉动内需 [J]. 经济师, 2009 (8).

[15] 郭世辉. 农户对新型农村金融机构的借贷偏好分析 [J]. 西北大学学报, 2011 (5).

[16] 朱乾宇, 张忠永. 村镇银行的"支农"效应与制约因素 [J]. 农村金融研究, 2009 (4).

[17] 邓忠. 对二连地区小额贷款公司经营情况的调查 [J]. 内蒙古金融研究, 2009 (7).

[18] 滕西鹏, 张瑞. 发展小额贷款公司, 助推陕西省草根经济发展——陕西省小额贷款公司开展情况及政策建议 [J]. 西部金融, 2009 (4).

[19] 姜柏林. 财政与行政资源对农村资金互助社发展的影响 [J]. 税务研究, 2010 (7): 88-90.

[20] 谢勇模. 农民自发的金融创新——吉林梨树农民资金互助组织调查 [J]. 银行家, 2006 (4).

[21] 王修华. 村镇银行运行格局、发展偏差及应对策略 [J]. 湖南大学学报, 2010 (1).

[22] 梁小冰. 广东村镇银行发展现状与思考 [J]. 现代商业, 2009 (6).

[23] 管玉贵, 许焱, 吴寂琼. 安徽小额贷款公司试点情况的调查与分析 [J]. 西部金融, 2009 (8).

[24] 鲁园芳. 我国小额贷款公司发展问题研究 [J]. 商业文化, 2011 (4).

[25] 范满志. 对小额贷款公司发展问题的思考 [J]. 经营管理者, 2009 (21).

[26] 胡秋灵, 刘伟. 西部地区发展资金互助社的困境及破解路径 [J]. 河南金融管理干部

学院学报，2009（1）.
[27] 应兰秋．农村资金互助社实践与思考［J］．合作经济与科技，2009（22）.
[28] 齐良书、李子奈．农村资金互助社相关政策研究——基于社员利益最大化模型的分析［J］．农村经济，2009（10）：55-60.
[29] 张儒雅．村镇银行发展的SWOT分析及其可持续发展策略［J］．河南商业高等专科学校学报，2011（2）.
[30] 年志远，马宁．我国新型农村金融机构制度安排的缺陷及其完善［J］．经济纵横，2009（9）.
[31] 江合宁，谢拓．农村资金互助社实践中的法律风险分析［J］．西部法学评论，2009（4）.
[32] 胡秋灵，孙瑞霞．西部小额贷款公司发展中存在的问题及解决对策［J］．云南财经大学学报（社会科学版），2010（6）.
[33] 吴占权．新型农村金融机构的贷款定价问题探讨［J］．农村经济，2009（10）.
[34] 焦晶．农村互助资金合作社运行研究—以山东省临沂市为例［J］．中小企业管理与科技，2009（4）.
[35] 何广文．中国农村金融转型与金融机构多元化［J］．中国农村观察，2004（2）.
[36] 曲小刚，罗剑朝．新型农村金融机构可持续发展的现状、制约因素和对策［J］．中国农业大学学报（社会科学版），2013（2）.
[37] 韩成．新型农村金融机构可持续发展路径研究［J］．吉林省经济管理干部学院学报，2013（4）.
[38] 李延春等．河北省新型农村金融机构发展的现状与对策［J］．湖北农业科学，2013（1）.
[39] 孟德锋等．金融排斥视角下村镇银行发展的影响因素分析［J］．经济学动态，2012（9）.
[40] 叶余有．县域范围内新型农村金融组织发展实践研究——以建德市为例［J］．银企信用，2011（12）.
[41] 葛永波等．新型农村金融机构可持续发展的影响因素与对策透视［J］．农业经济问题，2011（12）.
[42] 唐晓旺．加快培育新型农村金融机构面临的问题与对策［J］．企业经济，2011（9）.
[43] 侯琰霖、安起雷．促进新型农村金融机构发展的建议［J］．中国财政，2011（15）.
[44] 丁涛．新型农村金融机构的SWOT分析及其可持续性战略研究［J］．金融理论与实践，2011（6）.
[45] 西南财经大学金融学院课题组．新型农村金融机构可持续发展探讨．改革与战略，2011（4）.
[46] 沈杰、马九杰．我国新型农村金融机构发展状况调查［J］．经济纵横．2010，（6）.
[47] 马丽华、宋雅楠．新型农村金融机构可持续发展问题探析［J］．特区经济，2010（5）.
[48] 人民银行宿迁市中心支行课题组．新型农村金融机构可持续发展问题研究——以宿迁市为例．金融纵横，2009（3）.
[49] 高霞．德国IPC微贷技术植入中国村镇银行问题研究［D］．天津大学，2010.
[50] 宋静静．我国村镇银行可持续发展问题研究［D］．天津财经大学，2012.
[51] 中国农村金融杂志社．村镇银行培育发展工作大事记（一）（2006年~2011年）．中国

农村金融，2013（23）.

［52］中国农村金融杂志社．村镇银行培育发展工作大事记（二），中国农村金融，2014（3）.

［53］文学．我国村镇银行主发起人比较分析及政策建议［J］．南方金融，2013（5）.

［54］中国科学院可持续发展战略研究组．2003 中国可持续发展战略报告［M］．北京：科学出版社，2003.

［55］Berger，A. N. and G. F. Udell. Small business credit availability and relationship lending：Theimportance of bank organizational structure［J］. The Economic Journal，2002，112：32－53

［56］Carter David A. and James E. McNulty. Deregulations，technological change，and the business-lending performance of large and small banks［J］. Journal of Banking & Finance，2005，5：1113－1130.

［57］Scott Jeremy C. Small business and the value of community financial institutions［J］. Journal of Financial Services Research，2004，25：207－230

［58］Md Abul Basher. Empowerment of micro－credit participants and its spillover effects：evidence from the grameen bank of Bangladesh［J］. The Journal of Developing Areas，2007，40：173－183

图书在版编目（CIP）数据

新型农村金融机构可持续发展研究 / 杜金向著. --北京：经济日报出版社，2014.6

ISBN 978-7-80257-642-1

Ⅰ.①新… Ⅱ.①杜… Ⅲ.①农村金融-金融机构-可持续性发展-研究-中国 Ⅳ.①F832.35

中国版本图书馆 CIP 数据核字（2014）第 107650 号

新型农村金融机构可持续发展研究

作　　者	杜金向
责任编辑	陈礼滟
责任校对	韩会凡
版式设计	金　丹
出版发行	经济日报出版社
地　　址	北京市西城区右安门内大街 65 号（邮政编码：100054）
电　　话	010-63567683（编辑部）
	010-63516959　83559665（发行部）
网　　址	www.edpbook.com.cn
E - mail	edpbook@126.com
经　　销	全国新华书店
印　　刷	北京京华虎彩印刷有限公司
开　　本	710×1000 毫米　1/16
印　　张	11.75
字　　数	219 千字
版　　次	2014 年 6 月第 1 版
印　　次	2014 年 6 月第 1 次印刷
书　　号	ISBN 978-7-80257-642-1
定　　价	38.00 元